中国近代新闻学名著系列丛书

芮必峰 ◎ 主编

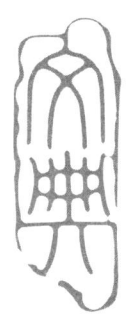

新闻学

—— 〔日〕松本君平 ◎ 著 ——

中国传媒大学 出版社
·北京·

编委会

主　编　芮必峰

副主编　姜　红　刘　勇

编　委　贾　南　周　彤　张冰清　侯普曼

出版说明

本丛书整理再版了近代在中国用中文出版的经典新闻学著作，所涉及的图书既有专著、教材，也有译著，全面涵盖了新闻学理论、新闻业务、新闻史等领域，成书年份前后跨越40年。在这40年间，中国的新闻学科从无到有、从借鉴到创新，成就巨大。对这些著作的再次出版，为研究中国近代新闻学提供了珍贵的史料，绘制了中国近代新闻学的全景，度量了中国近代新闻学的厚度，填补了该领域空白，也为纪念中国新闻学诞生100周年献上了一份厚礼。

我们请中国人民大学新闻学院教授、博士生导师，广西大学新闻传播学院院长，教育部社会科学委员会委员兼新闻传播学科召集人郑保卫，及中国传媒大学传播研究院院长、教授、博士生导师，中央实施马克思主义理论研究和建设工程新闻学首席专家雷跃捷对本丛书的内容进行了审定，并根据专家的意见进行了修改。在此对两位专家所付出的辛勤劳动表示衷心感谢。

由于历史原因，本丛书中的个别图书存在一些问题，为保存历史原貌，为研究者提供一手的参考资料，影印时均基本保持其原貌，未作大的删改，希望读者结合当时的历史条件和历史环境，对其中的观点进行批判性借鉴。原书中存在一些错别字、漏字和排版错误，我们在影印时均未做改动，敬请读者注意。

由于原书出版年代久远，本丛书中的许多书籍难觅其踪，存世数量稀少，版权状况极其复杂。为了保证本丛书的学术性和完整性，我们将具有价值的图书先行选入其中，进行了抢救性发掘，力图保存中国新闻史珍贵的历史资料。版权所有人若有异议，请及时与我们联系。

为更好地体现中国近代新闻学的发展脉络，本丛书特别收录了欧美学者休曼的《实用新闻学》、斯蒂德的《新闻学的理论与实际》；日本学者松本君平的《新闻学》、后藤武男的《新闻纸研究》、杉村广太郎的《新闻概论》。当年这些书的出版对中国近代新闻学具有一定的借鉴意义。

本丛书为影印制作，成书清晰度由原书决定，由于出版年代久远，受当时生产力水平及制作方法限制，难免会存在一些缺陷，敬请读者谅解。

中国传媒大学出版社

总　序

如果从1903年商务印书馆编译出版日本人松本君平的《新闻学》算起，中国的新闻学已有115年历史[①]。如果从1918年北大新闻研究会建立，徐宝璜开办新闻学讲座算起，中国新闻学教育和研究迄今正好100年历史。我们搜集整理了清末至民国期间一些有代表性的新闻学书籍，希望借此重现早期中国近代新闻学的本来面貌，反映我国新闻学发展的历史脉络，我们认为，这对中国新闻学术、教育史研究以及中国近现代思想史研究都是很有意义的。

从1903年到1949年9月的40多年间，我国公开出版和内部印行的新闻学书籍，包括专著、教材、论文集、资料汇编、参考工具书等，约468种之多。[②]它们集中反映了我国新闻学的历史发展轨迹。然而，由于多种原因，这些书籍除了几本曾被重印出版外，大多已经是"只闻其名、难觅其踪"，这对我国新闻学研究不能不说是一个遗憾。

本丛书在梳理1903—1949年间出版的有代表性的新闻学书籍的基础上，精选了50部著作，校订注释，编纂再版，也算对这一遗憾的弥补。

从我们挑选的这50部新闻学书籍来看，中国早期新闻学的发展有三个鲜明的特点：

一、中国早期新闻学的发展与中国社会发展，尤其与国家民族利益息息相关

40多年间，中国新闻学从近乎空白到勃然而兴，这与中国社会的动荡、变

---

① 黄天鹏回顾新闻运动时说："有清光绪二十八年，商务印书馆刊行《新闻学》一书，为我国人知有新闻学之始，原书为日人松本君平所著……"资料来源：黄天鹏. 新闻运动之回顾［A］. 黄天鹏. 新闻学名论集［C］. 上海：上海联合书店，1929.
② 林德海，等. 中国新闻学书目大全1903—1987［M］. 北京：新华出版社，1989.

革休戚相关。西方新闻学是现代化的产物，最早形成于19世纪末20世纪初。1901年，"新闻学"一词首见于中文报章①，但直到民国前夕，国人对于"新闻有学乎"尚存疑，认为报社就是新闻人才的"养成所"。至1912年上海报业俱进会以"吾国报业之不发达……其最大原因，则为无专门之人才"②为由，号召组织报业学堂，培养报业专门人才。不难看出，此时新闻界亦将新闻学视为办报之"技"。至1918年邵飘萍为徐宝璜《新闻学》作序仍"窃叹我国新闻界人才之寥落，良由无人以新闻为一学科而研究之者"③。黄天鹏把1903年至1918年新闻学研究会建立之前的十余年视为中国新闻学的启蒙期。④

1918年，随着以启蒙为目标的新文化运动愈演愈烈，新思潮涌入国门，"新学""西学"站在旧传统的对立面被学界关注，新闻学思想也不例外。作为公学之首和新文化运动中心的北京大学率先开办新闻学研究会，力证了"新闻学"存在的正当性；徐宝璜《新闻学》一书问世，成为中国新闻学理论的奠基之作。新闻学教育兴起，新闻学研究著作渐盛，待到北伐前夕，中国新闻学从学理上和实践上俱已建立起来。

新文化运动后期，马克思主义传入中国，资本主义文明逐渐"祛魅"。之后的大萧条使得西方国家的痼疾暴露无遗，曾经"理想之彼方"的西方报业也难以幸免。在这一时代背景下，如何建立"吾国之报业"成为新闻学研究的热点，围绕这一热点，一方面，关于中外新闻理论、新闻事业、新闻业务的著作日益涌现；另一方面，军阀对于激进言论的暴力摧残，又引发了新闻人对于言论自由的论争。20世纪20年代的中国新闻学呈现百家争鸣之势。

"在这言论自由纷争之际，也有若干论调，认为新闻纸不过是一种政治宣传的工具，在新闻学方面也唱过所谓社会主义的新闻理论，不过这种论调没有完成，当头的国难已把这种理论粉碎。"⑤"九一八"事变后，面对空前的民族危机，"国家至上、民族至上"成为国论，报业成为勾连与动员社会的渠道和网络，

---

① 梁启超. 本馆第一百册祝辞并论报馆之责任及本馆之经历 [J]. 清议报，1901（100）：1-8.
② 戈公振. 中国报学史 [M]. 上海：上海书店，1989：278.
③ 徐宝璜. 新闻学 [M]. 长春：时代文艺出版社，2009：7.
④ 黄天鹏. 四十年来中国新闻学之演进 [M]//龙伟，任羽中，王晓安，何林，吴浩. 民国新闻教育史料选辑. 北京：北京大学出版社，2010：149.（以下征引本书时，一律简注为《民国新闻教育史料选辑》。）黄天鹏在此文中提出他对于1903年到战事结束的40余年间中国新闻学发展阶段的划分，原载《中国新闻学会年刊》第1期，1942年9月.
⑤ 黄天鹏. 四十年来中国新闻学之演进 [M]//民国新闻教育史料选辑. 北京：北京大学出版社，2010：161.

致力于推动"舆论统一"。直到全面抗战中期之前,以战争宣传动员为主要研究目标的"战时新闻学"都是新闻学研究的热点。

1943—1949年中华人民共和国成立前夕,随着战争形势的转变,抗日战争已现胜利的曙光,中国新闻学人开始构想新闻业的未来。萨空了①于1943年开始着手书写《科学的新闻学概论》,旨在提醒新闻人应"鉴于美英的前车"②,避免报纸"为大财阀资本家所独占"③,"积极地设法使报纸成为大多数民众自己的相互报道消息、提供意见的工具"④。

二、中国新闻学是"西学东渐"的产物,中国早期新闻学人大多具备西学背景

"西学东渐"的内在精神是中体西用。在"用"的招牌下,西学大量涌入。中国新闻学直接引自日本和美国。首先,中国最早的新闻学译著分别为1903年商务印书馆编辑出版的松本君平的《新闻学》和1913年美国记者休曼著、史青编译的《实用新闻学》。前者成为中国新闻学的开端,而后者作为美国第一本新闻教育著作,"提供采访编辑各种实际问题的解决方案"⑤,也奠定了中国新闻人对于新闻教育之作用的基本构想。

早期中国新闻学人大多具备留美留日的求学背景。徐宝璜曾于美国密歇根大学修习经济学与新闻学,其《新闻学》(1919)的参考文献包括在美国出版的图书23种、在英国出版的图书7种,印证了时任北大校长蔡元培所言,"新闻学之取资,以美为最便矣"⑥。任白涛求学日本早稻田大学政治经济学系时,加入了《朝日新闻》名记者杉村楚人冠等筹建的"大日本新闻学会"⑦,《应用新闻学》

---

① 萨空了(1907—1988)四川成都人,蒙古族,笔名了了、艾秋飚,记者、主编、新闻学家。1927年任《北京晚报》《世界日报》编辑记者、《世界画报》总编辑。曾任教民国学院新闻系、北京新闻专科学校。1935年任上海《立报》副刊主编、总编辑兼经理。中华人民共和国成立后任中央人民政府新闻总署副署长兼新闻摄影局局长、出版总署副署长、全国政协副秘书长兼《人民政协报》总编辑等职。负责主编《中国大百科全书·新闻出版》卷,著有《科学的新闻学概论》《科学的艺术概论》《宣传心理研究》等。
② 萨空了. 科学的新闻学概论[M]. 香港:文化供应社,1946:36.
③ 萨空了. 科学的新闻学概论[M]. 香港:文化供应社,1946:36.
④ 萨空了. 科学的新闻学概论[M]. 香港:文化供应社,1946:36.
⑤ 黄天鹏. 四十年来中国新闻学之演进[M]//龙伟,任羽中,王晓安,何林,吴浩. 民国新闻教育史料选辑,北京:北京大学出版社,2010:157.
⑥ 邓绍根. 中国新闻学的筚路蓝缕:北京大学新闻学研究会[M]. 北京:清华大学出版社,2015:228.
⑦ 1915年《朝日新闻》的杉村楚人冠等在庆应义塾大学创办"新闻研究会"并讲授课程,后根据该讲义出版了《最近新闻纸学》(1918)。其时,杉村楚人冠还兼任"大日本新闻学会"的筹建者与学会新闻讲座讲师。

(1922）正是仿照杉村楚人冠《最近新闻纸学》一书体例所做。① 邵飘萍的《实际应用新闻学》（1923）亦参考了《最近新闻纸学》。② 杉村楚人冠深受美、德新闻思想熏陶，美、日、德的新闻思想因故才传到中国。

事实上，正是留美、留日学生群体的新闻学著述构建起了中国早期新闻学的基本框架。仅本丛书所涉国内著（编）者30人中，剔除资料不详者3人，有留学经历者共计15人。其中留美5人：徐宝璜、伍超、赵敏恒③、戈公振④、曹用先⑤；留日8人：吴定九⑥、邵飘萍、黄天鹏、任白涛、张友渔⑦、谢六逸、袁殊⑧、王文萱⑨；

---

① 周光明. 近代新闻史论稿［M］. 北京：社会科学文献出版社，2014：276.
② 方晓红. 中国新闻简史［M］. 南京：南京师范大学出版社，1996：122.
③ 赵敏恒（1904—1961），记者、新闻学教授。早年就读于清华大学，1923年起先后于美国科罗拉多大学文学院、密苏里大学新闻学院、哥伦比亚大学新闻学院攻读英国文学和新闻学，并获新闻学硕士学位。1925年起在纽约环球通讯社当编辑。1927年回国，在国民政府外交部情报处短暂工作后加入路透社。1945年10月任《新闻报》总编，兼任复旦大学新闻学教授。
④ 留学两个及两个以上国家的，按其留学的第一个国家计。
⑤ 曹用先，女，宁波人，天津南开大学社会科毕业。1926年与未婚夫查良鉴自南开大学毕业后，同赴密歇根大学留学，1930年在该校安娜堡完婚。硕士毕业后回国，曾就职于上海商务印书馆编辑所并任教于大夏大学，1949年与查赴台，1951年4月病逝于台湾。
⑥ 吴定九（1890—1930），名鼎，字定九，嘉定人。著名报人，《京报》元勋之一，著有《新闻事业经营法》。公派赴日本名古屋学习土木工程时，与在东京政法学校读书的邵飘萍成为密友。1923年9月，私立北京平民大学设立报学系，时任京报社经理的吴定九担任教授并讲授专业课程"新闻经营法"。
⑦ 张友渔（1898—1992），原名张象鼎，字友彝，又名张忧虞，山西灵石人。法学家、政治学家、新闻学家。先后求学于山西第一师范学校，国立北平法政大学法律系。1927年任《国民晚报》社长兼总编辑。同年加入中国共产党，任中共北平市委委员兼秘书长。1930年赴日留学。"九一八"事变后回国任《世界日报》主笔及燕京大学、中国大学、民国大学、中法大学、北平大学法商学院教授，讲授宪法学、劳动法学、新闻学和日本问题。1943年起在重庆任中共南方局文委秘书长、《新华日报》社论委员会委员、中共重庆工作委员会候补委员兼政策研究室副主任、《新华日报》代总编辑等职。
⑧ 袁殊（1911—1987），中共谍报人员、记者、新闻学者。早年赴日攻读新闻学、东洋史。曾创办上海自修大学并设新闻专科。1931年3月创办的《文艺新闻》，最早揭露了左联五烈士被害的消息。1932年任新声通讯社记者，经潘汉年引介加入共产党。1942年卧底敌伪报纸《新中国报》，1945年10月转移到苏北解放区；1949年调入中央情报部门。著《记者道》《学校新闻讲话》《新闻大王赫斯特》等书；译《新闻法制论》等。
⑨ 王文萱，曾留学日本，1930年5月翻译杉村广太郎的《新闻概论》。1942年国立社会教育学院新闻系成立，王文萱在该系教授新闻业务课程。1947年年初，李宗仁授意萧一山在北平创办《经世日报》作为喉舌，任命王文萱、蓝文澄两位教授为主笔。

旅欧2人为胡愈之和储玉坤①（详情见表）。这些涉足新闻学研究的归国留学生兼容并蓄，汲取美、日、德等国新闻理论和马克思主义新闻思想的精华，进行本土化改良，亦从侧面反映出中国新闻学的理论来源。

三、中国早期新闻学人往往兼新闻实践、新闻教育、新闻研究于一身

1918年，北京大学新闻学研究会成立，徐宝璜负责讲授新闻学知识。他结合自身从业经验，参考欧美新闻学书目，形成课程讲义；再结合讲课心得，不断完善新闻学理论。1919年，国人自撰的第一本新闻学专著《新闻学》最终成书。徐在自序中细陈写书修书之过程："新闻学乃近世青年学问之一种，尚在发育时期。余对于斯学，虽曾稍事涉猎，然并无系统之研究。客岁蔡校长设立新闻学研究会，命余主任其事，并兼任导师。余乃于暑假中，正式加以研究，就所得著《新闻学大意》一篇，以为开会后讲演之用。……开会后，余继续研究，加以会员之质疑问难，时有心得，遂将原稿加以修改，成第二次之稿……"②显然，"曾稍事涉猎"指其曾经担任《晨报》主笔的工作经历。早期中国新闻学人兼具从业经验和新闻学教学经验者多会总结实践经验、丰富新闻理论、著书立说、传道授业，这种情况并不鲜见。

从早期新闻学著作的作者（编者）身份来看：本丛书涉及国内著（编）者30人，除李公凡、刘元钊和鲁风三人身份不详，仅蒋国珍③、项士元④二人没有明确的新闻从业经验。而在这25人中，更有20人兼具从业经历与从教经历。新闻学人大多具有新闻从业经历，学术研究、传承活动与新闻实践密不可分（详

---

① 储玉坤，1912年生，江苏宜兴人，笔名雨君、储华。1937年中央政治学校大学部新闻学及国际政治专业毕业。1938年1月任《文汇报》编辑兼社论撰述者；1938年5月担任《文汇报》法国哈瓦斯分社编辑；抗战胜利后，任《文汇报》总主笔。1946年5月转任《申报》主笔和法国新闻社远东分社中文部主任，兼任中国新闻专科学校教务长和沪江大学新闻系教授。著有《现代新闻学概论》《第二次世界大战史》《美国经济》。
② 邓绍根，中国新闻学的筚路蓝缕[M]．北京：清华大学出版社，2015：244．
③ 蒋国珍出生于1896年，江苏溧阳人，做过学生运动领袖、国民党党员、教育工作者、政府职员、银行经理。曾加入上海学生运动，代表上海全国各界联合会、全国学生联合会、上海各界联合会、学生联合会四团体发声。虞文俊认为其传世的《中国新闻发达史》翻译自日本人伊藤武雄的《中国新闻发达史》，即蒋国珍应为此书的译者而非著者。
④ 项士元（1887—1959），佛教居士、学者。原名元勋，号慈圆，又号石楼。浙江临海人，通日、英、德、梵、俄文，一生佛学著作等身。25岁毕业于杭州府中学堂，后办私立小学和赤城初级师范，兼任各校教师；捐资并赠书创办了临海图书馆。项士元长期辗转江浙等地从事教育、新闻和史志方面的研究工作。中华人民共和国成立后主持台州文管会，任浙江省文史馆馆员。所著《浙江新闻史》是中国最早的新闻史之一。

见表1①）。

  从新闻学著作本身来看，许多民国新闻学书籍正是新闻实践和新闻教育的直接产物：国人自撰的第一部新闻采访学专著——《实际应用新闻学》根据邵飘萍在北京大学新闻学研究会和平民大学新闻系的讲稿所著，《新闻学总论》一书则根据邵氏国立政法大学的新闻学讲义整理而成；周孝庵②根据自己在复旦大学的新闻学讲义编著了《最新实验新闻学》；郭步陶③的《本国新闻事业》是上海市私立申报新闻函授学校讲义之十一；而《新闻学的基础知识》本就是中美日报读讯会④为新闻学自修者所出版的教材《实用新闻学讲义》之一；储玉坤的《现代新闻学概论》则是专门为大学新闻理论教科书而编写的（详见表2）。

  正是由于早期新闻学人兼新闻实践、新闻教育、新闻研究于一身，才能为理论教学与著述提供最鲜活的案例，促使新闻实践经验迅速融入新闻学理论研究。这是近代中国新闻学迅速发展的重要因素，对于当今的新闻学研究、新闻学教育工作也有重要启示。

  本丛书编委会邀请相关领域资深专家进行研讨，认真甄选了书目，仔细进行了版本比较和甄别，从而保证了本丛书较高的学术权威性。

  由于历史的局限，民国新闻学书籍的不足是明显的，如学术理论不成熟、部分话语和话题打上了深深的时代烙印等；又因书中涉及的新闻稿件写作于特定历史环境和历史年代，其表达方式不严谨亦不可避免。盖所选书目皆是历史文献，我们在审校中尽量保持其历史原貌，不做大的删改；对极个别对马克思

---

① 李秀云. 留学生与中国新闻学[M]. 天津：南开大学出版社，2009：239-251. 本书中李秀云整理了民国期间从事新闻学研究的留学生44人，并分析其留学国别构成、专业构成、新闻实践经历、从教经历等。

② 周孝庵（1900—1973），佛教学者、律师、报人。松江府人。毕业于江苏省立第一商业学校。历任上海时事新报馆记者、编辑、主编，著《最新实验新闻学》。1928年秋被复旦大学聘为新闻学教授。曾于上海法政大学获法学学士学位，1930年兼律师。1932年主编上海《新闻报》"法律质疑"栏目，编著了《法律质疑汇编》。上海沦陷后，曾氏关闭了律师事务所，潜心佛学研究。

③ 郭步陶（1879—1962），原名成爽，后改名惜，字步陶。四川隆昌人。名记者、新闻研究者。1911—1917年任《申报》编辑，1917年任《新闻报》编辑主任、主笔。1930年任教于复旦大学新闻系。上海沦陷后赴香港，任职于《申报》（香港）、《星岛日报》；1939年创建中国新闻学院（香港）并任院长。抗战胜利后回沪任教于复旦大学、新中国学院。

④ 《中美日报》是"孤岛"时期的国民党报纸，为躲避日伪新闻检查，在美商罗斯福出版公司招牌下运作，副刊有《集纳》《堡垒》等。1938年11月创刊，1941年12月停刊，1945年8月复刊，次年4月终刊。总编先为杨勋民、查修、詹文浒，总主笔周宪文，执笔者有储玉坤、章丹枫等。胡道静曾任英文编辑。报社读讯会为自修新闻学的读者出版了《实用新闻学讲义》，共计10种，对编辑术、采访术、评论作法、新闻写作、新闻学史、剪报工作等都有专篇论述。

主义、共产党等的不适当叙述已进行了删除处理。

本丛书规模较大,从策划项目、搜集资料、校订编纂到审稿成书,历时两年有余。这50本书可能并非本本经典,其中有些内容亦有重复、雷同之处,但瑕不掩瑜,它们对于研究中国新闻学功不可没,作为新闻史资料极具研究价值。感谢中国传媒大学出版社和安徽大学新闻传播学院诸位老师的辛勤付出,也希望读者在本丛书中能读出更丰富的内容,获得启发并更深入地思考。

丛书主编 芮必峰
2018年5月7日

附表：

表1 著者受教育、从业、从教及著述情况列表

序号	姓名	是否留学及留学国家	从业经历	从教经历	著作
1	徐宝璜	美国密歇根大学，经济学、新闻学	北京《晨报》主笔	北京大学新闻学研究会、北京平民大学新闻系	《新闻学》《新闻事业》
2	戈公振	1927年赴美国、日本考察新闻事业	首创《图画时报》、"上海新闻记者联合会"会长、《申报》总管理处设计处主任兼《申报星期画刊》主编	上海南方大学新闻系、上海国民大学新闻系、复旦大学新闻系、上海沪江大学商学院、上海民治新闻学院	《新闻学撮要》《中国报学史》《新闻学》
3	邵飘萍	东京政法学校	《汉民日报》主编、《时事新报》《申报》《时报》主笔、创办"北京新闻编译社"、《京报》社长	北京大学新闻学研究会、北京平民大学新闻系、国立法政大学	《实际应用新闻学》《新闻学总论》
4	吴定九	日本名古屋工业专门学校土木工程	主持《京报》	北京平民大学新闻系、国立法政大学	《新闻事业经营法》
5	谢六逸	日本早稻田大学东洋文学史	《立报》文艺副刊《言林》主编、《国民周刊》《趣味》周刊主编	复旦大学新闻系、申报新闻函授学校、国立社会教育学院新闻系、暨南大学新闻系、大夏大学新闻系	《实用新闻学》《国外新闻事业》《新闻储藏研究》
6	黄天鹏	日本早稻田大学新闻系硕士	在北平创刊《新闻学刊》并担任主编	复旦大学新闻系、上海沪江大学商学院新闻学科	《新闻文学概论》《中国新闻事业》《新闻学入门》《新闻学概要》
7	赵敏恒	美国科罗拉多大学文学院、密苏里大学新闻学院、哥伦比亚大学新闻学院攻读英国文学和新闻学，并获新闻学硕士学位	纽约环球通讯社编辑，后加入路透社。"九一八"事变后为美国国际新闻社、伦敦《每日电讯报》《朝日新闻》等供稿。1945年10月任《新闻报》总编辑	复旦大学新闻系、中央政治学校新闻系、暨南大学新闻系	《外人在华的新闻事业》

续表

序号	姓名	是否留学及留学国家	从业经历	从教经历	著作
8	周孝庵	无	历任上海时事新报馆记者、编辑、主编；主编《上海新闻报》"法律质疑"栏目	复旦大学新闻系、新闻大学函授科	《最新实验新闻学》
9	张友渔	1930年、1932年、1935年多次赴日学习新闻学、考察日本新闻事业	《世界日报》编辑、《大同晚报》总编辑、《国民晚报》社长、《泰晤士报》总编辑、《新华日报》社论委员	燕京大学新闻系、北平民国学院新闻系	《新闻之理论与现象》《日本新闻发达史》
10	袁殊	日本新闻专科学校、早稻田大学历史系	创办《文艺新闻》《译报》、新声通讯社记者	上海自修大学新闻专科	《记者道》《学校新闻讲话》《新闻大王赫斯特》《新闻法制论》（译）
11	胡愈之	1928年法国巴黎大学攻读国际法	《东方杂志》编辑、创办《公理日报》、哈瓦斯通讯社远东分社中文部编辑主任、主编新加坡《南洋商报》		《胡愈之出版文集》
12	储玉坤	留法	《新闻报》编辑、《文汇报》编辑、法国哈瓦斯通讯社中国分社编辑、《文汇报》总主笔、《申报》主笔、法国新闻社远东分社中文部主任	中国新闻专科学校、沪江大学新闻系、之江大学新闻系、致用大学新闻学系	《现代新闻学概论》
13	任白涛	日本早稻田大学政治经济学	创办中国新闻学社、《新湖北日报》总编辑		《应用新闻学》《综合新闻学》
14	曹用先	美国密歇根大学[1]	上海商务印书馆编辑所[2]	大夏大学[3]	《新闻学》

[1] 毛彦文. 往事[M]. 北京：商务印书馆，2012：28.
[2] 雪林. 一段值得介绍的婚姻（红藏·生活·第四卷第三十八期）[M]. 湘潭：湘潭大学出版社，2014：435-437.
[3] 毛彦文. 往事[M]. 北京：商务印书馆，2012：28.

续表

序号	姓名	是否留学及留学国家	从业经历	从教经历	著作
15	王文萱	留日①	《经世日报》②	国立社会教育学院新闻系③	《新闻概论》（译）
16	伍超	留美"攻读新闻科"④			《新闻学大纲》
17	郭步陶	无	《申报》编辑、《新闻报》编辑主任兼主笔、《申报》（香港）、《星岛日报》编辑	复旦大学新闻系、《申报》新闻函授学校、中国新闻学院（香港）、新中国学院	《本国新闻事业》
18	任毕明⑤	无	《民国日报》《时报》《快报》主笔、《大众日报》总编辑	香港中华新闻学院	《战时新闻学》《评论学十讲》
19	赵君豪⑥	无	《申报》副总编辑	上海商学院新闻专修科、复旦大学新闻系、上海法政学院新闻专修科	《中国近代之报业》《上海报人的奋斗》

① 杉村广太郎. 新闻概论·黄序［M］. 王文萱，译. 上海：联合书店，1930.
② 冯国定. 忆萧一山先生［M］//中国人民政治协商会议北京市委员会文史资料研究委员会文史资料选编（第43辑），北京：北京出版社，1992：104.
③ 苏州大学社会教育学院. 峥嵘岁月（第三集）［M］. 北京、上海、南京、苏州校会. 1991：229.
④ 伍超. 新闻学大纲·自序［M］. 上海：商务印书馆，1925.
⑤ 任毕明，原名任大任，生于1904年，广东鹤山人。1925年在广西梧州创办《民国日报》，曾任《时报》《快报》主笔，主持过香港的《大众日报》。参与创办香港中华新闻学院，并任教。著作有《龙虎集》《风云集》《社会大学》《新社会大学》《战时新闻学》和《评论学十讲》等。
⑥ 赵君豪（1900—？）江苏兴化人。报人。"五四时期"求学于上海交通大学，经常给著名的《民国日报》副刊《觉悟》投稿，并与时任《觉悟》编辑的邵力子讨论种种社会改造问题。毕业后进入《申报》馆工作，抗战任《申报》副总编辑。1929、1942年两度兼任复旦大学新闻系编辑教授；1930年兼任上海法政学院新闻专修科教授，讲授采访学；曾任《申报》新闻函授学校教授。1944年10月在重庆出版《上海报人的奋斗》。

续表

序号	姓名	是否留学及留学国家	从业经历	从教经历	著作
20	杜绍文[①]	无	杭州《民国日报》国际版编辑、《东南日报》《前线日报》主笔兼《新闻战线》周刊主编、《东南日报》总编辑、《文汇报》办公室主任	复旦大学新闻系	《新闻政策》《中国报人之路》《战时报学讲话》《国际新闻纵横谈》
21	胡道静[②]	无	《万有文库》编辑、上海通志馆编修、《通报》《中美日报》《大晚报》等报记者、编辑、撰稿人	上海法政学院新闻专修科	《上海新闻事业之史的发展》
22	张静庐	无	创办上海杂志公司并出任总经理		《中国的新闻记者与新闻纸》《中国近代出版史料》《中国现代出版史料》《中国出版史料》《在出版界二十年》
23	萨空了	无	《北京晚报》编辑记者、《世界日报》画刊编辑、《世界画报》总编辑、天津《大公报》艺术半月刊主编	民国学院新闻系、北京新闻专科学校	《科学的新闻学概论》

① 杜绍文（1909—？），又名杜超彬，广东澄海人。1927年入复旦大学中文学新闻组学习，1931年留校助教。后任杭州《民国日报》国际版编辑、资料室主任、浙江《东南日报》主笔。抗战期间主编浙江战时新闻学会会刊《战时记者》月刊，《国民日报》总编辑、社长；抗战胜利后任上海《前线日报》主笔兼《新闻战线》周刊主编。1946年至1951年间任复旦大学新闻系教授，1952年任上海《文汇报》记者、编委办公室主任。著有《新闻政策》《中国报人之路》《战时报学讲话》《国际新闻纵横谈》。

② 胡道静（1913—2003），安徽泾县人。1931年毕业于上海持志大学国语系。曾参加《万有文库》编辑和上海通志馆编修工作。"孤岛"时期坚守上海新闻界抗日宣传工作，任《通报》《中美日报》《大晚报》《密勒氏评论报》记者、编辑、撰稿人，同时在上海法政学院新闻专修科讲授新闻史课程，为共产党的抗日宣传培养新闻干部。1949年后历任中华书局上海编辑所编辑、上海人民出版社编审等。

续表

序号	姓名	是否留学及留学国家	从业经历	从教经历	著作
24	管照微①		复旦大学校刊编辑、1931年兼任上海新闻社记者	兰州大学经济系	编《新闻学论集》
25	项士元				
26	蒋国珍	疑为《中国新闻发达史》的译者而非著者②			
28	李公凡	不详			
27	鲁风	不详			
28	刘元钊	不详			

---

① 管照微,高中就读于上海立达学园,曾与王济深、刘仲达、唐旭之等先后组织了"时潮社"和"立达剧团"。后进入复旦大学新闻系学习,与伍梦窗、林楚君、向浦、徐之津等加入了复旦大学"左联",并负责复旦大学的校刊编辑工作。1933年12月21日因宣传左翼思想被捕,后任教于兰州大学经济系。

② 虞文俊是东亚中国新闻史研究第一人。《中国新闻发达史》译者蒋国珍初考[J]. 新闻界,2015(15).

表2 书目

序号	年份	书名	作者	备注
1	1903	新闻学	〔日〕松本君平 著	
2	1913	实用新闻学	〔美〕休曼 著 史青 译	
3	1919.12	新闻学	徐宝璜[①] 著	北京大学新闻研究会讲稿
4	1922.11	应用新闻学	任白涛[②] 著	
5	1923.8	实际应用新闻学	邵振青 著	北京平民大学、国立法政大学讲义
6	1924.4	新闻事业	徐宝璜 胡愈之 著	
7	1924.6	新闻学总论	邵飘萍 著	
8	1925.1	新闻学大纲	伍超 著	
9	1925.2	新闻学撮要	戈公振[③] 编	
10	1927.9	中国新闻发达史	蒋国珍 著	
11	1927.11	中国报学史	戈公振 著	
12	1928.9	中国的新闻纸	张静庐 著	
13	1928.11	最新实验新闻学（上）	周孝庵 著	复旦大学新闻系
14	1928.11	最新实验新闻学（下）	周孝庵 著	复旦大学新闻系
15	1930.4	新闻事业经营法	吴定九 著	
16	1930.5	新闻概论	〔日〕杉村广太郎 著 王文萱 译	

① 徐宝璜，中国新闻学者、新闻教育家。1912年毕业于北京大学，后公费留美，于密歇根大学攻读经济学、新闻学。徐宝璜在美国密苏里大学受过系统的新闻学教育。
② 任白涛，笔名冷公、一碧，河南南阳人。1911年辛亥革命后，先后担任上海《民立报》《神州日报》《新闻报》驻河南特约通讯员，参加当地反袁活动。1916年留学日本，在早稻田大学攻读政治经济学，加入了大日本新闻学会。
③ 戈公振所著的《中国报学史》最早由上海商务印书馆出版，是研究新闻学和我国新闻事业发展史的开山之作，国内外新闻界将之誉为中国首部新闻史学权威著作。任教上海国民大学期间，戈公振开始着手《中国报学史》一书的写作。在从事新闻工作之余，戈公振致力于新闻教育事业和新闻学研究工作，曾在上海国民大学、南方大学、大夏大学、复旦大学等校新闻系和杭州暑假报学讲习所讲授新闻学方面的课程，在新闻学研究上留下了许多著述。

续表

序号	年份	书名	作者	备注
17	1930.8	中国新闻事业（上）	黄天鹏[①] 著	
18	1930.8	中国新闻事业（下）	黄天鹏 著	
19	1930.8	新闻纸研究	〔日〕后藤武男 著 俞康德 译述	
20	1930.9	浙江新闻史（上）	项士元 编	
21	1930.9	浙江新闻史（下）	项士元 编	
22	1932.7	学校新闻讲话	袁殊 著	
23	1932.8	外人在华的新闻事业	赵敏恒 著	
24	1933.4	新闻学入门	黄天鹏 著	
25	1933.10	新闻学论集	管照微 编	复旦新闻学会丛书
26	1935	实用新闻学（上）	谢六逸[②] 编	申报新闻函授学校讲义之三
27	1935	实用新闻学（下）	谢六逸 编	申报新闻函授学校讲义之三
28	1934.1	新闻学	曹用先	
29	1934.2	新闻学概要	黄天鹏 编	复旦大学讲义、上海沪江大学新闻学专修科
30	1935	上海新闻事业之史的发展	胡道静 著	
31	1936.5	新闻学讲话	刘元钊 编著	

---

① 黄天鹏，字天鹏，别号天庐。1927年1月，他创办了我国首个新闻学刊（1929年扩改为《报学月刊》）并任主编；他是我国新闻学术史上最早研究新闻学之产生及发展史的学者，是我国具有新闻学术史观的第一人。他于1923年就读于北京平民大学报学系，1929年留学日本，修业新研究所，旋入早稻田大学新闻系。归国后出版了《新闻文学概论》《中国新闻事业》《新闻学入门》《新闻学概要》等十余本新闻学专著。

② 谢六逸，中国现代新闻教育事业的奠基者之一。著名的作家、翻译家、教授。1917年以公费生身份赴日就读于早稻田大学。1922年毕业归国，入商务印书馆工作。后历任神州女校教务主任及暨南大学、复旦大学、大夏大学教授。1930年任复旦大学中文系主任，并创设了后来闻名海内外的复旦大学新闻系，任主任。

续表

序号	年份	书名	作者	备注
32	1936	本国新闻事业	郭步陶 编著	申报新闻函授学校讲义十一
33	1936.6	新闻之理论与现象	张友渔 著	
34	1936.11	记者道	袁殊 著	
35	1937.7	现代新闻学概论	储玉坤 著	国民党政府唯一指定大学新闻理论教科书
36	1938.7	战时新闻学	任毕明 著	
37	1938.9	中国近代之报业（上）	赵君豪 著	
38	1938.9	中国近代之报业（下）	赵君豪 著	
39	1938.10	基础新闻学	李公凡 著	
40	1939.7	中国报人之路	杜绍文 著	
41	1940.4	新闻学	戈公振 著	1932年完稿，另有1947年版
42	1941	新闻学的基础知识（上）	中美日报读讯会 编	中美日报读讯会实用新闻学讲义
43	1941	新闻学的基础知识（下）	中美日报读讯会 编	中美日报读讯会实用新闻学讲义
44	1941.7	综合新闻学 1	任白涛 著	
45	1941.7	综合新闻学 2	任白涛 著	
46	1941.7	综合新闻学 3	任白涛 著	
47	1944.9	新闻学	鲁风 著	新中国自修学院约稿
48	1946.6	科学的新闻学概论	萨空了 著	另有1945.3出版的署名艾秋飚的版本
49	1946.11	新闻史上的新时代	胡道静 著	
50	1947.12	新闻学的理论与实际	〔英〕斯蒂德 著 王季深 吴饮冰 译	上海文化函授学校读本

目 录

《新闻学》……………………………〔日〕松本君平

原　序…………………………………………（3）
序论　近世文明与新闻之德泽…………………（6）
第一章　第四种族之发生………………………（9）
第二章　新闻社之组织…………………………（13）
第三章　探访部…………………………………（17）
第四章　略记法与探访记者……………………（19）
第五章　地方通信者……………………………（22）
第六章　文选部之经验…………………………（25）
第七章　通信队之编成…………………………（28）
第八章　探访者之职务…………………………（31）
第九章　探访者之资格…………………………（34）
第十章　新闻编辑局一班………………………（40）
第十一章　编辑事务记者………………………（46）
第十二章　电报记者……………………………（51）
第十三章　论说记者……………………………（54）
第十四章　主笔记者……………………………（56）
第十五章　新闻理事……………………………（58）
第十六章　社员之制约…………………………（60）

第十七章	访问记事及新闻记者之访问	(62)
第十八章	为新闻记者之道	(67)
第十九章	编辑新闻之注意	(74)
第二十章	特别记事	(79)
第二十一章	杂志及新闻文学者之注意	(87)
第二十二章	匿名寄书	(97)
第二十三章	诽谤之言论	(99)
第二十四章	新闻记者之报酬	(101)
第二十五章	职业之新闻记者	(104)
第二十六章	公人之新闻记者	(110)
第二十七章	近世新闻之发达及特性	(112)
第二十八章	新闻图画	(115)
第二十九章	英国新闻业者之保护会	(119)
第三十章	新闻记者之养成	(121)
第三十一章	英国新闻事业	(123)
第三十二章	美国新闻事业	(126)
第三十三章	法国新闻事业	(134)
第三十四章	德意志新闻事业	(139)
第三十五章	俄国新闻事业	(142)
第三十六章	新闻记者之势力及使命	(146)

松本君平与《新闻学》……………宁树藩(150)

原　　序

　　君侧之权衰，移于政府矣；政府之权衰，移于议会矣；议会之权衰，移于新闻纸矣。考古今制驭天下之权之大势，十六世纪以前，君侧也；十七世纪以后，政府也；至十八世纪，则权在议会；至十九世纪之末叶，则不可不归诸新闻纸。苏老泉曰：赏罚者，天下之公；是非者，一人之私。《春秋》者，圣人以是非代赏罚也。夫新闻纸无君主之神权，无历史之因藉，而能判是非别赏罚，其犹古先圣哲以其道德权衡，于帝王政府以外，自立门户之意乎？周道衰微而《春秋》作，君侧政府议会衰而新闻纸起，今之新闻纸殆古之《春秋》欤。

　　夫新闻以一白纸，印千百之文字，而欲赏罚天下之是非，夫果有何神权耶？昔评论英国之议会，谓除变男为女之外，有万种之能力。今也新闻纸，至能夺此能力。如政府之命令，议会之决裁，非新闻纸之赞成，不能实行诸邦国。此果何故耶？曰：在平民时代，不外代表国民中最聪强、最高尚之思想感情而已。盖平民时代者，非谓以多数人民之意见为国政之标准，乃以国民中之最聪强、最高尚之思想感情，为多数国民之向导，且由其力而可疏通国政也。故新闻纸者，殆如国民脊髓骨之代表。约言之，则新闻纸即国民之本身也。夫由武功建国者，所重不外民信。西谚曰：人民之声即神之声也。东谚曰：天无唇口，使人代言之。观此言则知新闻纸实有一种之天权，宜其有大势力于今日之世界也。

夫新闻纸既如是，而新闻之记者①，俨如将天膏以灌溉于国民之祭坛。若自今更加发达，则所以发挥国民最聪强之思想感情，必更深烦杂之组织。由是思之，则国民直可选举新闻纸以为总理大臣。治国家而将无须乎议会，是恐二十世纪后之问题。在我辈非欲抑议会而扬新闻，其事实因如是也。试观拿破仑以盖世雄才，犹以新闻如联军之可畏。（俾）斯麦以政界奇杰，亦以新闻为一己之后援。但此乃平民势力之发达，益见其大，固无足怪。惟至国际之势力，则于十九世纪之后，遂日著其显象。试观意大利之独立，其得力于格兰斯顿之论著者，何以今者格兰斯顿，犹为意大利议院之纪念也。普法之接壤，其国际上之神经，颇觉锐敏，而于新闻纸，更能发挥莫大之能力。千八百七十年德破法都，为城下之盟。法既不支，以老弱残败之人民，而立第三之共和政府，于兵备、财政、教育诸大端，大加整顿。期年之内，遂凌驾德意志而上。俾斯麦欲乘其羽翼未成，再击而破之。于是乃商于柏林之新闻记者，使主张排法论，以耸动民心，为开战之举。法公使派达伯侦知之，告于本国政府。政府即商之伦敦《泰晤士》记者，使暴露德意志之阴谋曰："德欲以兵直捣法京，占领阿布伦之险阻，重结新条约，以要求十亿之赔款于二十年间"云云。而欧洲之人心，涌如沸腾，共责德之贪婪无厌。于是俾公之阴谋中止。由是观之，则战也、和也、独立也，新闻纸足以成之，新闻纸亦足以败之。新闻纸之势力大矣哉！

---

① 新闻记者：这里的"新闻记者"或"记者"一词，系泛指报馆各新闻从业人员。

若夫内政之势力，不必考之于外国。自此六七年来，我国民之实验目击，自有心得。昔《泰晤士报》之记者某，谓新闻记者之地位，乃国民之外交官。然岂仅外交官已哉，又司法官、行政官、教育家也。加拉伊鲁氏曰：立古之祭坛，秉今日之笔，则新闻记者，亦即一宗教家也。故曰国民将选举以为总理大臣以治政。呜呼！岂虚语哉！

此数事者，乃新闻记者之过去与未来也。过去已成旧迹，未来继以新机，此今日新闻记者之责任也。然记者既有此无上之光荣，则默思大任，不可深自重哉。

我友松本世民君，少有大志，慧才能文。曩著《大日本》，后立东京政治学校，有一代人物共风云而起之势。虽累经挫折，其志益坚，盖当今稀见之人才也。此书乃其在政治学校中所讲演者。所言皆出泰西新闻社会之实历。至论新闻发行之术，详密周到，巨细无遗。观此乃可知古今之大局与新闻记者之位置焉。余故为之叙述，以告天下。

序论　近世文明与新闻之德泽

人莫不震近世之文明，而不知其文明原因，乃有一大动力焉。其力也，即军事家以铁血慑服生物者，遇之而挫其势。宗教家乘惊惧哀乐爱憎之情，人类利用其迷信，而隶屈其精神者，遇之而失其术。君主依托天命，统御黔首，以恣其独裁专制之欲者，遇之而失其权。破碎金城铁壁，如泰山压卵，沸汤沃雪，火线爆腾，则霹雳一声，瞬息轰传于万里以外。乾坤震荡，百物昭苏，虽鬼哭神号，亦不足以当其锋。

呜呼！此大动力者，果何物耶？赫赫其功德，与日月相辉耀；莽莽其势力，合天地以弥漫。砰訇高张，惊醒朦胧世界之迷梦，唤发平等博爱不羁独立之精神，以创造一代之风潮，而建立近世文明之基础，非新闻纸之势力使然耶！

纵览五千年来之历史，其间文明消长得失之机，几同儿戏。巴比伦、埃及落而希腊起，希腊衰而罗马盛。嗣后罗马陵夷，而北狄之蛮族继兴，一代之文明复变。嗟呼！一盛一衰，一进一退，观其经营文明之迹，何异积磊磊之石于河源之上。虽日积月累，暗有增高，然分崩离析，不可长久。是数千年来之陈迹，今日如斯，明日亦如斯，百年如斯，千年复如斯，明增暗灭，何相类之甚也！然埃及与腓尼西亚之文明，虽为数百千年经营惨淡之结果，惜不旋踵，而文明风潮，已随夕照而俱残。他如建设文明者，黑伦人种之长也。今者探亚普洛乌之旧墟，徒下征人怀古之泪。寻希腊余韵，仅闻黄昏乌鹊之哀。呜呼！人世兴亡，原无一定，过去数千年之历史，不过作世界人种之运命悲观而已！

虽然，谓过去者如斯，而将来者仍复如斯，此吾人所不谓然也。何以言之？盖近世文明，已去中世黑暗时代，而经营至新文明，四百余年矣。吾人试寻究新文明之性质，较诸往时东方之文明，及希腊罗马中世之文明，其程度已大不同。盖近世文明之基础，浩博无涯，汪洋靡尽。而探其精华，则在能发挥平等博爱不羁独立之义。故吾人谓此文明，非出于法兰西之革命；亦非谓神授君权，横暴抑压之反抗力；而独归于人类思想之自由，及众人势力之发达，此诚为神髓也。大哉思想之自由哉！与吾人以永远无量之生命。盛哉众庶之力哉！使近世文明不袭埃及，不袭巴比伦，不袭希腊、罗马，而开近世真文明之精华，岂无因而至乎？人力也，非天然也！

若夫乘此潮流，涨进之，充足之，唤发人类思想之自由，益助此文运进步者，则惟近世之新闻事业也。然新闻之于社会，所以有此猛大势力者，全在创立近世文明之基础与发达思想之自由，而使之永进化而不止。是则新闻之与社会，相为因缘。社会之进运日益强大，而新闻之发达，亦从可知也。

吾人试环游欧美文明之邦，莫不惊叹其新闻之势力，出人意外。于舆论则为先导者，于公议则为制造家，于国民则为役使之将帅，挟三寸管作全国之主动力。今日之新闻，几如日用之饮食水火，为文明国民一日不可缺之物矣。不宁惟是，凡政治家之政党，教育家之圣哲，欲养成国民之政治思想，涵育社会之道德智识，莫不以新闻为全国传智传德之具。他如使国民解达高尚之人道、文艺美术、政治法律、农工百业之趣旨，尤以新闻为最要。是新闻者，不仅为国民之日用饮食，而又为国民教育、社会教育之大学校也。故其势力所及，伟大无朋，无敌于天下。是虽以黄金之雄力，宗教之魔锋，帝王之权术，而皆莫与之京，其他更无论也。

日本僻处东海，闭关锁港，后泰西文明已二百余年。明治维新，始得少睹末光。尔来三十余年，虽文明之所及尚浅，而企图进步者，亦不一而足。然于新闻事业，尚未见其日进，良可叹也！

晚近以来，日本之新闻事业，已有跃跃欲飞之势。然较欧美诸国，犹瞠乎莫及。而较法之《希珈洛鲁丹》、《倍德脱》、《得尤露那》，英之《泰晤士》、《斯顿达》、《吉洛妮古尔》，美之《阿尔脱》、《海拉尔脱》、《比犹能》、《栖耶那尔》等新闻，殆更有霄壤之距离。传曰：罗马之所以为罗马，原非一日。经国之大业，试非一蹴可跻也。今者社会之进步，骎骎乎已与新闻之风潮以俱涨。全国人心，又渐识新闻之势力，是乃天然之大势，不可争也。

新闻之势力机关，既如此其重大，而为新闻之主宰者，岂赤手所能奏功？虽其可成之事业，不一而足。然论其实际，求其责任，则国民之迷信，不可不警醒也；社会公德之腐败，不可不救正也；不羁独立之精神，不可不涵育也；平等博爱之福音，不可不宣播也。此外如国民之智育常识、文艺美术，亦有不可不诱掖而启发，是皆新闻记者之责也。夫新闻记者，既负有引导生民鞭策社会之大势力，若不据近世文明之精神，而乘大势所趋以俱进，则岂非负其责任耶！

第一章　第四种族①之发生

　　第四种族者何谓耶？贵族、僧侣（欧西之教徒）、平民，为构成国家之三大种族。而其称第四种族者，发生于近世纪，而为社会之一大现象，--大革命家。其职任既非如贵族之夸耀人爵，又非如教徒之祈福未来，且非如平民之行尸走血，求马奴牛。彼盖以明敏之才干，灵秀之神经，握区区一管，以指挥三大种族之趋向，即构成国民之三大阶级，而有天赋与使命之大种族也。其种族为何？即指新闻记者之一种阶级而已。英之普鲁古氏，曾在英国下议院指新闻记者而喟然叹曰：是英国组织议会之三大种族之力（贵族、僧侣、平民），而有最伟大势力之第四种族也！今者，无论贵族也、僧侣也、平民也，皆不得不听命于此种族之手。彼若预言，则可以征国民之运命；彼若裁判，则可以断国民之疑狱；彼若为立法家，可以制定律令；彼若为哲学家，可以教育国民；彼若为大圣人，可以弹劾国民之罪恶；彼若为救世主，可以听国民无告之痛苦，而与以救济之途。其势力所及，皆有无穷之感化，此新闻记者之活动范围也。

　　夫新闻事业之起源，虽远在数百年以前。考其纪念碑，

---

① 第四种族：本书有时译成"第四阶级"，现通常译为"第四等级"。

则其震动全世界,而得有猛人之势力者,亦只七八十年前之事。是新闻纸之势力,普及于今日之世界,固非昔人所梦见也。夫世运之进步,与新闻纸以一大动力,固也。至今日而一变其性质,则昔日之世事,尚属迟缓;人智开发之程度,亦尚在幼稚时代。故不置重于新闻之事业。而记者所注意之境界,亦只及于一郡一府县之地。至世局一变,而新闻事业乃随之开一新纪元,非偶然也。自蒸汽力发明,世界人类便利,交通横贯地球,搜集创见创闻之事。至电线之利,宇宙之现象,悉传于一日。电话之室,则数百千里远隔之人,如促膝面谈,随吾心之所欲言。一瞬息间,可以报数千里外之奇闻。其范围之广大无边,其材料之丰富无比,合万种有形无形、远者近者之新闻,而造成一种之新闻纸机械,诚奇妙不可思议者也。一小时间而印刷二、三万部。地球表面,太阳初升,而新闻纸已随日光而传达于全世界。是新闻事业云者,乃搜集新现象之事实,著为新过去新未来评论,而付之印刷,以通知公众之事业也。至夫此新现象,如何而搜集之、编辑之、评论之,一切分配各地,俾众周知之法及讲究理论之学,是为新闻学。得分之为三部焉[1]:

第一、新闻所自出之地 搜集社会之新闻,编辑适当加以时评,行于所自出之处,以采访及编辑为主。

第二、新闻之分配销凡编辑印刷既成之新闻,当讨论其分配于读者之方法。

第三、新闻之消费 新闻之销畅,视购读新闻者之多少。然其法亦宜考究。如欲使新闻畅销流行,必须使探访人及编

---

[1] 现一般认为新闻学由理论新闻学、实用新闻学和历史新闻学三部分组成。

辑者，各尽其职。使其分配不善，则不能达其目的也。

夫新闻学既已如斯，而欲从事于新闻者，首在熟知其性质。然新闻学非法律书、非哲学书，且非历史，复非字汇。每日揭载各要件，必须舍旧寻新，削繁就简。与其迟而巧，宁拙而速，是谓新闻之责任。否则投有用之资金，而不得适当之事实。陈言满纸，议论乖僻，阅者望而生厌，为覆瓿之用，又安能耸动一世之耳目哉！此新闻纸之所大禁者也。谚曰：文如烹鲜，此乃新闻家之格言，可以铭之于编辑室。今者文明大开，经济涨进，交通日繁，各人各有其不可弃之责职。苟读新闻，由首至尾而始能通者，全世界必无此识字之闲人。为社会计，为个人计，如何简切之为愈乎。泰西之新闻集常有言曰：新闻者非如读书，惟瞥见而已（"Newspaper no longer read but only look"）。是言洵然。

今日世界，交通社会复杂，为新闻者不专载一方向之事也。凡宇宙万象，现象森罗，无精粗、无巨细，苟事属正确，如宗教、政治、学术、商业、兵事、斗殴、奸通、情死、结婚、离缘等之善恶邪正，皆可择其简要而一一揭载之，庶不背为社会耳目之义。盖新闻之要旨，不在粉饰社会之现象，而在据实直书，以供社会之评断，作社会之鉴镜。虽意见思想因人而异，总之有事实而不报之社会，则非新闻所以对社会之责任也。故新闻者，不徒为社会之耳目，实为社会之镜照。社会美，则其镜明；社会恶，则其镜晦。是新闻纸者，谓之为万象之新镜影，亦无不可。

旷观当世之精神界，文物灿然。其中为文坛之大主将、大总统者，何人耶？必曰新闻学也。虽其所记载者，不必皆有实际、有法律、有道德。荒唐无稽之说，海市蜃楼之语，残忍不法之谈，城阙佻达之词，往往盈纸。然欧美诸文明国之新闻学者，实可谓文学中之王霸矣。文园之中，郁郁不伸，而独能以言论自由、意志自由放赫灼之采。万乘之主，廊庙之臣，议院之士，学校之文人学士，营伍之将帅魁杰，一切种种大小久暂之菜名，皆借新闻纸之一、二记事而始显，则此等皆可为新闻纸之材料也。故新闻学者，不仅载逐日之事实，而凡全社会各种民诸流之行为，俱可以褒贬之、赏罚之，谓之为文坛之霸王，谁曰不宜。

　　近世新闻纸，所以有此大力者，盖以新闻为舆论之引火线，而又为舆论之制造器也。故国民之意见，常随有卓识之新闻记者为转移。以是其一抑一扬，足以决彼等运命之浮沉；其一毁一誉，即可为最后舆论之宣告也。然而新闻之势力，尤不止于是者。以其区区一纸，为人类物质界、精神界不可缺之物故也，夫文明国民之视新闻，无异野蛮人之视饮食。一日不食则困，三日不食则倒，此每日新闻之所以畅行于文明国也。况其为普通教育之大机关，政治思想之大学校。论其实力，远胜于演说集会、寺院教会。其启发公共德义之心，育成国民之普通知识，其速度、其广度，更非公立学校所可及。今欧美诸国之文人学士，入寺院而听教徒说教者，仅四分之一。而新闻纸乃视为惟一无二社会道德之机关。且人类受学之年，其入于学校之门，计其多数，不过三年。是寻常国民，于小学教育之外，未尝有受高等社会之教育者，几居十分之七。倘无新闻纸以诱掖之、增进之，则彼等何以扩张高尚之能力，发达普通之思想乎？是新闻者，又国民教育、补习惟一之机关也。是新闻纸负社会之责任，其重大可想而知。而凡有新闻之职者，安可不觉悟哉！

第二章 新闻社之组织

夫新闻事业，当幼稚时代，凡世间对于新闻之感情，与新闻发行者之思想，大异于今日，且其事亦国各不同。有以发抒怀抱，感化一代之人心，为新闻发行之目的者；有以新闻为一种营利之具，而不与商业少异其性质者。既以新闻为营利之事业，则新闻乃商品之一种。而于新闻市场，能得多读此新闻者之妙用，亦如市场中之货物然。货品良则购之者多，货品劣则购之者少，此一定之理。而新闻之经济，亦与此同一原则也。故今日欲发行新闻，不可不以商法行之。设不得此办法，虽此新闻目的如何高尚，如何完美，而以物竞之理论之，必不能持久。况欲借此以达感化人心之目的，又何可得耶？是故新闻馆也者，实精神商业之一店也。空漠之议论，陈腐之形式，张切实之事情，足以滞发行之机者，皆当避之。而资本之赢绌，社员俸给之厚薄，无一不当注意。使新闻之发行，占多数而后得以存立于社会，此优胜争存之定例也。一言以蔽之，新闻者，不可不求其利益，与普通之商业相同。而主持之者，又须有广大之知识，扩张能力，操纵社会。其才其学，其胆其力量，为大银行之总管也可，为大社会之董事长也可，为大政府行政之统领也可。非世界高等之人物而能之乎？新闻事业者，一有机体也。新闻之幼稚时代，其内部之组织简易。至今日之发达，而其构造因以复杂。分业之法，亦由此而日多。近时欧美诸国，竟以新闻学为一独立之科学，而于二、三之大学校中，至设新闻学为专门科，可以想见其趋势之盛也。此后记述，无非示欧美诸国新闻社组织之概略，以为读者告焉。

世界之中，勿论何业，必有其主持者，是不必限诸一人。概依合股之法，以多数人组织为团体，协同而维持之。新闻事业，何独不然。新闻社必有发行人为之代表，总理其事。依合股之例，则理事者例于资本家中推选一人，以主持其中一切之事。而其他资本家，苟有所长，则亦分职而任之。世固有热心诚意以改良社会，或流布个人宗旨为目的者，然使不顾经济主义，则经理不善，而发行必由是而灭，久则归于失败，而消灭不能存立。故新闻社虽有种种之分部局，而其最重要者，为会计部、编辑部。其余则活版部、印刷部、铅版部、邮送部等也。会计部有事务员，其事务部则理事者总括之。编辑部有新闻主笔记者[①]、编辑事务记者，而探访人附属之。活版部有部长、排字人及原稿校正人等。铅版部及印刷部，则有职工。于美术部，则有画工、雕刻师。至编辑部之组织，则以新闻记者为主。总理编辑，以记述新闻重要之论说，而示全体之方针。新闻政策者之定议，即在于此。次于主笔者，则有编辑事务记者，以总司全体之事务。而新闻之体裁及杂报[②]之取舍等，也归其判断。如内外通信员，经济簿、市街簿、不动产簿，凡主笔记者之所不敢为，或专门诸部之管理记者，亦归其监督。然发行最繁盛之新闻社，常

---

① 主笔记者：这里指相当于总编辑的职务。清末"主笔"（或"主笔记者"）一词含义很混乱，时指总编辑，时指一个专栏的编辑。

② 杂报：即新闻报道。

另置主任市事记者，专办市内一切记事之要务。至朝出之新闻，照理有管理夜事之记者，占局内重要之地位。盖以编辑事物记者，原非终日居于局中，大概午后二、三时间即离局他出。于是以夜中记者，至局而办其未了事务。故此夜中记者，实为编辑事务记者之副员。至其既入社后，可以掌编辑之全权。凡杂报、记事之取舍，亦归其辨别。苟其编辑之中，有不合意见者，可径自变更之。且兼注意于市内，而监督其事件通信。故夜中记者之权亦大，然其责任亦随权而大，其酬金则次于编辑事务记者。至其守职务之时间，通例在自夜至朝，印刷新闻之时而已。至主任市事记者，自其地位而言，则次于编辑事务记者，然于局内亦有重大之势力，为新闻编辑局内所必不可缺之人。以彼终日使役探访者，如猎者之用犬，左右纵横，奔走东西，几乎少息之余暇。自府内及近在百里之地，所有之事件杂报，皆握全权。他如校正员，以校勘探访者之记事，其责任尤为重要。而通信探访者，则各探访所居部内之事，虽属于社员之最下级；虽然，居新闻记者第一之阶级，而可大显能力于适当之地者也。设使无此一部，则无论主笔者、编辑者，必一日不能逞其活动之力。此相连之势，有必然也。今将欧美大新闻社组织之概略，载之如下：

社主
  甲　单独社主
  乙　团体组织
发行人
  甲　会计局——事务主任
  乙　编辑局
    一　主笔记者
    二　编辑事务记者

副编辑事务记者
　三　夜业编辑事务记者
　　　天　市内担任记者——通信探访记者数名
　　　地　地方部担任记者——地方通信
　　　人　电报担任记者——内外电报通信
　　　物　各部担任记者
　一　财务记者
　二　市况记者
　三　铁道事务记者
　四　土地卖买处记者
　五　剧场记者
　六　游戏所记者
　七　妇人事项及流行衣装记者
　八　新刊书籍批评记者
　九　新闻杂志节录部
　　　各部门担任记者之下各有探访者及写字生
丙　文选部
丁　印刷部
戊　发送部

第三章 探 访 部

　　历考世间无数新闻理事者与无数多年经验之新闻记者，莫不以探访部员，为经营新闻之最要机关。昔希腊全盛时代，以雅典人种，为联合诸国之眼目。今新闻社之探访部，不特为眼目而已，为耳也、为手也、为足也，即编辑者与外部社会之唯一连锁也。然天下事得人最难，而支持尤不易。故编成一探访部，如欲其事之得宜，亦决非一朝一夕所能奏功。如英国之宪法，经社会多年之斟酌损益，而始具今日之体质。探访部之于新闻社，其难其烦，亦如是也。故探访者，胆欲大心欲细，精力活眼，兼备并用，乃足求得与本社适当之事情，而达本社之目的，此新闻社之惯例也。探访部员时需速记，故不可不习练速记法。在寻常之探访员，亦有不必熟习者。必举探访部之全员，而从事速记，不过偶然之事。以通例观之，凡速记探访，概推同部员中一、二老成者为之。以其能探查社会之情事，登诸报纸，可以激动一世之人心，而精通公共团体之内幕，揭之于全社会也。至探访部主任者，每日将其所访事件，从各部员之功能以分配其职任。或遣秘密之寻访，以为特别记事之准备。如或有重要事件及秘密会议之报告，而与公共社会有密接之关系者，则宜与当局之有责任者商酌通知，然后登诸新闻而无增减之弊。至能探知其商议时之事情而无遗者，则视其人之伎俩何如也。他如音乐演剧之批评，无非表现个人之技能。户外游戏之报导，无非满读者之嗜好。要之，主任探访者，当以机慧明敏之责任，视各员之力量性质，使分担兼掌，以采录社会各处之事，而无遗闻也。

　　社会之事无穷，而探访之时有限。故普通探访员之原稿，多潦草参差，而必经主任者之取舍润削，始可付诸于民。但对于全员之业务，而在主任地位者，宜细心检阅记事之全体。其所校正，即含教育社员之效。不独参考文字，且必精密从事，以矫正其滥用文字之弊，而养成其确切报告之习惯焉。如办理切实，则此探访事务，可常保其完善也。如部员能尽其职，则此探访部，可以奏全体之功。探访部与新闻全体，即有密接之关系，互相精励，互相助理，孜孜以图，必能增售数而博美名。此在主任探访，多智老成，管理其各部员，以收善效耳。又有游戏探访员，专司报赛马、蹴鞠、抛球、斗技、狩猎、渔钓、竞渡等事，亦占新闻纸重要之部分。故近时乃别置一部，不属于探访部及其他之部类，而为一独立之游戏丛谈，是亦新闻纸之所以博阅者之趣也。

第四章 略记法与探访记者

　　新闻纸之作用如何，盖以讲明人间社会之现象也。故任其责者，每日发行新闻，须与时俱进而无间断，始克免失败之虞。如退后一步，则失日新争竞之义，不能成立，此新闻事业之刑罚也。于是不可不用略记法以助斯业之进步。苟能熟练此术，则于新闻记（者）之助力，如得一最利之武器。而其尤要，则在与探访记者通信。然占位置之最高级者，莫如主笔记者及干事记者等之职，尤不可不熟习此速记法，盖以此为新闻记者极要之技术也。

　　惟探访员、通信员，不可不注意于略记法。而欧美诸国不通"比支脱门式"之略记法者，例不能入新闻事业之门户。在新闻事业未发达时，有才干之探访者，得依其速记力之颖捷，而记有用之事。今日则百事繁杂，而探访通信之业，劳心太甚，能胜任者实已寥寥无几。而此寥寥者，又复不屑于此，而欲就高等之文学事业，故其任甚难。先是有亚伊撒古比脱们者，变此探访之式，而适用其略记术，由是大得其效。于是习此技者日益增加矣。在比脱们以前，斯种之式，已被发现，而探访者大抵以速记法逐字通信。即至今日，通信之最精确迅速者，尚多从事于速记法。其略记一术，于英美诸学校中，大抵用为教授。盖以今日普通之商业教育，如不采用比脱们式之略记法，则终不得为完全之高等教育也。至研究略记法者，其范围颇广。如比脱们之《略记法指南》一书，其每年销售已至十五万部内外。其《略记法入门》一册，销行尤多。自出版至今，已过百五十万。据英之本国及其殖民地与合众诸国，其从事于探访通信事业者用此略记法，已达于百分中之九十五。以之概算全世界，其数当至五十万以上。然此种之略记法，日本亦往往用之。则其便于通信，诚非浅鲜也。

今日之逐语通信法，人皆目为新奇之术，然实无可异也。三十年前，当公会演说时，有抄写敏捷者，当时莫不异之。至今则此种技法，已连千累百，不可胜数。此皆研究略记法、速记法之所致也。然无论略记法、速记法，要之皆通信者所应注意之技术。即彼之记忆探访记者，如何巧妙，如何熟练，或更有优于速记法者，亦未可知，然欲入探访部者，当必先列于见习探访员之阶级，熟习此技，然后可从事于探访。而尤必先为逐语通信之事，否则不能得其端绪。故许多之新闻记者，一为探访员，必不胜任。有学识才能者，亦非不奏异数之功。然往往不善于此者，以彼欠于略记之法也。如能于一分间，记而练熟自五十字至百字者，则可记录百二十字至百五十内外。既有一种记录之敏力，此后即可振笔而书，行所无事。一时间，可得新闻纸三段之演述。是不难与辩士并进，而易获新闻社之酬报也。然一分间，有记录百二十字之速力，实亦非至难之业。吾甚望探访员早达此速力，且努力超过之。经久练习，自觉其易。由是演说会之基础，雄辩家之佳境，乃可次第而入。虽不注意于时，而习惯已久。其语如疾风骤雨而来，虽稠人广众中，亦无阻碍。故与二、三名士大夫接谈，同一时间，无论何事，彼语一出，而此之手中，早已记之无遗。此手腕最灵之通信员所以能乘其机也。若再加润饰,增之图画,而精密之新闻纸、不难成立。此探访员之力,实有不可忽者矣。

按:略记法乃省略其事实。速记法乃逐语而记其声音。名虽为二,其实用之以速记,则一也。

第五章 地方通信者

有志青年，始入新闻事业之第一阶级，其惟为地方之通信员乎。然既就此职，如同居一都府、一市镇，在平时为他新闻所不知者，一旦有知名之士联翩来访，而动人之耳目，则遭此机会，大可助地方通信者之成名。有志者，不可自失也。夫人自有其力量，则新闻社必乐于嘱托，而即可以全力注重其任务，以收胜之效。然尚有利用于其间者，不仅为一事之成功，且可为后日入新闻社之端绪也。故此少年通信者，不可因本社员之采用，而侥幸以从事，尤当以不挠之精神贯注之。

或有无所属之通信者，通例谓一行一便通信者（每一行酬一便士也），盖欲扩张其视线之力者也。然此种之通信者，不仅可以探市场之种种行情，且得灵通日常之消息。于是依托之者甚多，而其所得之酬金亦从而多。来往信札，又可与邮局结特别之约。而其一行一段之登载，新闻社可以按例酬之。其或大费劳力，则亦增其酬资，此定例也。至电报通信之事，通信者亦可与电局预结特约，以便发送迅速，不致延搁。但美国所异于他国者，其电信属于民业，故新闻事业有特别之便宜。而通信业之自由发达，亦于此可见。然新闻纸有时互相争竞，每有增加资费，与众新闻社，合而为一。则通信者，可得至灵至快之消息。故逐件通信者，为各新闻社之关系甚广，至少亦宜与以相当之值，方得其力。若一新闻社，不付以逐件通信之报酬，或每年分四季付给，而又所得不多。则报酬多数之新闻社，其新闻纸可占销出之多数。然若不视通信者之优劣，而一例厚酬值，则亦不得收通信者之效。故近来英美诸国，待地方通信员，皆必比较其优劣，以为报酬之资，而其所收入者，又以足供其用为定。惟此等通信员，本与社中通信部员相近。及被劝入社，则其俸给或较地方通信者之收入为寡。彼不足其求，则常有倩人代替者，即此故也。

如青年欲以新闻事业立身，虽于银钱有几多损失，然与新闻社员有相近之机会，亦决无不任其责之理。况经验心得者，最紧要之事也。此身既有新闻社之关系，自应尽其通信者之责任，而新闻社亦当保助通信者之力。若通信员更别任他新闻社，则此新闻社可弃其前约之利益。然欲与别社争胜，则通信员于其专任业务之外，亦可从事于别新闻社，而互通消息。惟必须由该社主认许之，此定例也。

无论新闻社有别项关系，通信者但当实力以任其务，则其有功于新闻事业亦多，异日得志之机，即在此精励之中。故探访者之用心，一则宜执探访本地之权，既执其权，则其本地之事事物物，自悉映其视线而来。于是地方之公会，或政厅、或断刑所、或社会、或教门，一切之事，皆囊中物耳。不宁惟是，即其地之知名士，结纳愈多，自更可得几多之信任。然此等机会，要宜毕尽自一身之力量。一切议论记述，皆宜不持偏见，择中而行。万不可以个人之利害，而左右其笔墨。凡事据事直书，而不假丝毫之伪饰。其紧要关系之件，虽通信者，有如何党同伐异之言，而能洞明事实之真相，不至为其所欺。此切实办事之第一义也。

立身之捷径，在选择职业。此语已为老于新闻记者所熟闻，无容疑也。而年少有志，为地方通信者，或地方旬报新闻之单独探访者。此二者如能竭力为之，可以增长见识，发达才艺，精神上可得几多之利益。况目击各种事业，不难翻出社会之隐情，而养成观察事情真相之习惯也。如大新闻社之年少探访者，常割舍其任务之几分，而费莫大之时间以考求之。反之为地方通信者，或地方旬报之探访者，而得有社会上各种事实之特权。无论该地方有何要事，可由本社派一老于新闻记者，以练习事实探访之手腕；孰者为利用时间法；孰者为观察事务法，孰者为甄别记事虚实法。当该记者复命本社时，就其记载之繁简取舍，一望可知。若是，则此后之通信，亦可悟语言之于实事，有几分之加减。而地方通信记者，将不敢欺诬，其有益非浅鲜也。

　　地方周七日报之探访者，通例比日报新闻而须长久之通信。苟能对于职任而尽力切实以为之，凡日报所揭载之摘要记事，可细心研究，并可将自缀之记事，比较对照。其启发之利益，必自此而日多。然有时订正误闻或市衢公会等未确之事实，虽一己不得探知，而能得其于视听以外，此必然之势也。由是一己修炼，眼识既锐而日阔，且可防遏自大自负之习。如何而始能忠实办事，如何而能细心无遗。此非旦夕可成，必由经验之所致。又可日相比较，将老于探访之日录记事，受以观摩之益。由是少年之探访者，可免徒劳无功之叹矣。

第六章　文选部之经验

　　人苟志在探访之业，欲大成之，其道无他，即由新闻社之文选部入手是也。夫入于文选部，如仅就一职工，因无需艰深之预备工夫，而其进步则迟。然及其成也，其功效必确实而昭著。不同猎等以求，一出而即从事者也。但其初就职也，几如学童之朗诵读本，无大功效，不过动运其器械而已。如各种类原稿，由广告、社说、通信、国会议事录、电报、商报，以及乎船舶出入等一切之记事，皆经其手而付之印刷。然苟能细心注意，观其中所选就而付印之探访文，凡老练主任记者，如何则记事采求能省略涂抹，如何则编辑能加减适当，皆可分析之、总结之。而默知其用意之所在也。且处积数年之经验，至卒业后而始进于职工之格，则几如学校教育之所得甚多。不宁惟是，即内国外邦一切之时事问题，与夫银行股票等之经济机关之转运方法，亦可通晓而无余矣。

　　有此等之经验，为探访员可也，为编辑事务记者可也，诚最良之修养哉。世尝有敏捷而高尚者，其初每由排字工，而后卒成有名之新闻记者，岂偶然哉？其经验久耳！虽然，世往往于新闻教育，多不能完全。动辄发行之纸，贻世人笑。故欧美诸国，近设有新闻记者养成所。凡国中士人欲为新闻记者，皆须经一定之考验，得官府之认许，而始能职。然求之经济界之实际通信者、编辑事务者，事多龃龉。故有志从事者，仍由此文选部出身以充此职者，尚不改如前。盖以文选部所得之实际知识，于各种之事业，皆有把握，较之不胜任之编辑事务记者，已优强万万，固不必空谈教育也。

年少记者之于新闻事业，其初颇不雅观。故文选部之少年职工，世人多谓之为印刷部之腥脏饿鬼，其无聊可知。然在年少记者，不可因此而遂灰心，消灭其高远之目的也。夫人之生而有形体，即有劳力，则其先从事于多少之苦役，亦当然之运命也。苟能忍苦耐劳，以达他年之希望，此亦诸新闻社所喜而相望者也。然而投身于探访者劣等之阶级，虽固可积实际上之智识；而日复一日，仅辗转于寻常之劳役，供其驱使，而不能有成名执权之望，则未免起废弃之感。虽然，此种少年探访者，苟有可以确信之才能，则不难以落落如燃之热心，以静待事机之至。一旦社会交迫，自能崭然露其头角而无疑。设以一己所居之位置虽劣，而不自怠惰放纵，虚费时间，以全力倾注于业务，而尽其职任。自有时为老成者所认识，而得从事于上等之职务。自此信用日开，并可以为上级之探访者，以占重要之位置。且其才能绰绰，即其所担任之外，更任他事，亦决无踟蹰逡巡者。此利用时机者，所不得不尔也。若其责任之中有必要之事，虽或延长时间，要其尽力治之，以醒观者之耳目。此将欲扩张其当初之范围，而为先辈所嘱托者，亦应如是也。然用力既久，亦渐渐得其报酬。当其始从事从于此，无论何人，莫不视为劳苦。及其后力量既充，因众人之注目，自可博新闻社之信任。加以记事属草，能练习速记法，由是以一己之经验，遂可就迅速之辩士，以试我手腕。然其记录也，又期于精确，即当于老练之探访，及辩士之演说笔记，引为比较参照之用也。

凡练习速记之方法，而欲更加一则者，则莫如取己所已成之笔记录，再三熟玩之。或努力习抄写之功，以期速记字体之精确。若抄写无暇，极少亦须二、三次之校读，而一面则就新闻纸而研究之。此种研究，不可纸上空谈，必宜于其实际上寻绎详细，如何而后编辑尽善尽美，巨细均平，求其底蕴。久之而青胜于蓝，冰寒于水矣。是则最良之师表，舍己而无他求也。

第七章　通信队之编成

　　通信队云者，如重要之演说集会，而通报其公共团体之模样动定，以编成此通信系员之团体也。如英之伦敦，于日刊新闻之议会系员，合上下两议院，大抵有七、八名之多。其中有六人乃至八人，必派出于议场，以全力从事其任务。详定之，则其议事之举动，与其报告一切，皆须准备详尽。有时议事非特别重要者，亦只略录其肯要。而各系员之交替时间，或可延长二时之久。虽然，当其举总员之时，以七人为定，则其各议论蜂起，无瞬息之留停。此际之探访通信队员忙迫，各以十分间为交替。其次顺序而来者，以一时四十五分间，完其笔记录。虽讨议全以速力进力，记者可逐语笔记之。否则以逐语笔记之法，亦可无难于记事之憾也。至有才能之通信员，其一时间四十五分中，可以草成一段原稿。如十五分间之笔记录，不过为刷上纸面一段相当文字，亦通例也。虽然，新闻纸之要例在摘要记事，如议会系员者，其议事录之外，而一切处置院外事，其时间即有余裕。而夜间发行时刻之切迫，各员之交替时刻，可以渐而缩短。或十分、或五分、或交替频繁，是议院闭会以记录以后，总速完其记事，以付印刷之为目的也。

　　有通信队，则凡见有第一流辩士之演说集会等，亦可派出。其法以五人至七人为定。如已及八人之多，则可派遣以上诸处主队之任者，以检定队员之交替时间，监督一切之处置，其责任也。如时刻已至，辩士已登坛演说，而主任者，可从容指挥，使各员自就其席。而各员以二、三分时间，为交换之一期。以次笔至，至十分或十五分间。五人既各笔记一次，以一人于笔记之间，直书他四人之笔记，以待次班之来。例如五人为一班，而第五班者，始作笔记时，即完了其书。而其原稿，则于页数之外，附以甲之号码为主任者，接递其稿，以俟第二次之次序。再由主任者，续交之于第五班（此总员中之最后者），以便交相参照。此时已早至第二次，则第一次之笔记已了，此草稿即可附以乙之号码，以递交于主任者，其事如前。迨演说终，即可依其次序，反复订正。而通信队者，或七人八人，再为编成，由是笔记遂无泄漏之忧也。但各员于其作书，虽有时间，尽力如其主任者，欲极求其神速，更可短缩其一分间，甚或半分间。至此则其烦剧，亦可谓极矣。

又当政治上之大会时，由各地方通信者之相集而来。而通常编成之通信队，其办事员数，有谓至百人以上者。但此总员，或各社之派出员，依其人数之多寡，以编成五队或六队之通信队。并联合通信，或电报、或各种新闻社之代表者，各自同时为神速之力。如辩士之演说，不待其原稿之终结，已可将其演说著为底稿，托于急便，以全力而速递于电报局也。故有时离会地数百里外，几十百之新闻社，辩士尚未终席，而其一段或数段之演说笔记，早已付之印刷，而为人所先睹。甚或辩士之言论初毕，而地方新闻之通信员，已于其笔记篇末，加跋语或按语，此真不可思议之事乎！此外凡同样之通信队，不问其于法庭、于宗教，以及乎学问、教育、商业，其会议之目的如何，必讨论之、评论之，以揭其通信全文之要。此所以动作必须神速灵敏，而后可以济也。由是观之，则欧美新闻编辑之神速，而占一大神力于社会，亦从可知矣。

第八章 探访者之职务

　　新闻探访者之从事于新闻事业也，其入门之阶梯，亦如士卒之于军队，日夜受上官之命，而不得不为之奔走。虽其地位最卑，其俸给最少，而有为之青年，欲从事于新闻事业者，亦舍是而无由也。虽然，处探访者之地位，苟能励精尽力，则其伎俩自易显，而随其才干，更可有进步之希望。至探访者职务，虽与新闻社中之杂役同样，然无此则几如无士卒之军队。天下岂有有将帅无士卒而能为大战斗乎？故大新闻记者，其新闻虽良好，如无探访者，则其新闻之事业材料不丰富，亦终归于无用也。盖每日无数杂报，注入于新闻社，皆此探访者之力。故以探访者之机敏与否，即可以卜新闻纸之盛衰，此良探访事人，各新闻社所争欲得之者也。由是观之，则主任市事记者，于府内及其近旁之事体，而有揭载之权。至于其权内所付一切之杂报探访，亦有无限之责任。故其终日凭几，而置其所属之数十探访者于各地，以窥探一切之消息。置电话机于前，集无数之杂报于后，已属刻无暇晷，欲一旦偶误一重要之事机，则必受谴责，故其注意也不得不深。况以数十之探访记者，常不绝其使役，而重任记者之眼光，亦可得窥察机敏探访者之才干。是重任记者，亦可谓为探访者之考验官也。故有名誉之新闻探访者，必需最多之伎俩。如有机智，而瞬息间可以经营多少之事宜。兼以明断果决,而有窥破事物之表面里面之才,而后可以胜任。且其探访之时,一切社会之人才,杂感而至。此际逢好饮之客,则谈不醉无归。晤禁酒之家,则说酗酒乱性。他如遇僧侣,宜深知释迦。如对高人,可畅谈风月。因事制宜,面面玲珑,随机应变,色色俱到。即有时政治的社会之机关,密室会议之言论,亦可得其精确而无遗。故探访者,如士卒之于军队,而必服从主任记者之命令,力任其艰,然后可超人高等之责任。

夫探访者之职务:第一,最宜注意日记簿。如宗教、教育及市府各种集会之日期,皆宜记入,以备随时参考。第二,于地方向导之指南书、姓名录,皆宜一览,以求其社会事业上之知识。由是特别集会之预报,而无传闻误期之举。第三,凡一团体之书记干事等,乃集会中最重要之人物,探访者亦宜详加访问,以补预备工夫之不足。第四,如每日新闻之广告附张,或贴在市衢之告示招贴,并宜参照。又同时各种集会之停止、改期等事,其注意更无论也。如能与诸官衙吏员日相接近,尤为善策。如警察官为一地之机关,若得其指点助导,无论何种事起,必能知其详委。于是探访者,关于各种之事件,可以为识物之引线。于是社会知名之人物,亦可为认识之引线也。此外有社会知名士,亦宜日相周旋,从可示一己之谨慎深虑,而其业务遂由是增。其效果之大,亦因而窥察事实之真相,亦从此而不见其难。

欧美各国,凡普通探访者,奉主任记者之命,自应效力奔走。但其时间,如朝发之新闻,大概由午后一时起,至夜二时止。夕发之新闻,大概由朝八时起,午后四时止。其间餐食时刻,仅不过十五分或二十分而已。然此乃示探访者职务之概略。假如有一探访者,自午后一时,仅用过中餐。忽由新闻社主任记者之命，有某电话所报，云某处汽车已转覆，伤毙颇多，可迅速精密以探之。此探访者既受此命令，即乘车飞行。既至其地，则见人如山立，杂沓纷纭。分人而入，示探访者之标记。于是问过失之原因，查死伤之数目。犹恐其不得要领，更博访周咨，以求其事之实情。然后由电话交换所，直报告于新闻社之主任记者，再由主任记者判断事实之轻重，与汽车转覆之情由，令其缀一千五百字之文章，以记载委细情形，始再乘车至本社。于途中即将汽车颠覆之原因，记述一通，其日已五时半矣。而探访者仅终晚餐。忽某旅馆某绅士，诈伪取财之事又起，而主任记者复命其探访详细情节。于是探访者又往查之。至夜七时，而探访记者始得余暇。又忽而某处设宴会，某处遇火灾，是皆属探访之事，而此记者又不能往探之，以为明日新闻揭载之具。如是则探访记者终日勤勉，至夜半始稍获休息。况日日如是，年年如是。探访记者之职务，洵可谓干燥无味，辛苦实甚者也。虽然，年少有为之士，正欲假此以为经验，而劳苦实无上之磨砻也。况探访事务之主眼，既以经验为基础，即可窥测人情喜怒哀乐爱憎之真谛。人间社会之真学问、真阅历，无有胜于此者也。

第九章　探访者之资格

　　第一，身体须健康。　世人每有作容易事业之思想者，而欲从事于出版事业者。嘻！此真不明事情而违心之甚者也！夫探访者，非全然无宁静之时，但有时重任或独归于一人之手，而他人皆各任其职而去。是一己不能休养，而公会之事，又必须确探之。是新闻材料之事务，已逐渐增加。且与其地方之政治机关，与众庶之气势，且组织情形，既日扩张而变更。则其责任中则不得暂时闲散。而此休养之时，乃次第为之侵蚀。日本之各新闻社中，近年废礼拜日停刊之例，而为年终无休暇之举，是已有惟日不足之势矣。故社会愈繁杂，则探访愈忙碌。而休养之时，亦从此愈短缩。身体苟不健康，又何能耐此劳苦乎？至闲散之时，必有供至难之业务于我案头者。及此时机，又为探访者之严加考验时。故常有日执业务，自四、六时延长至十六时顷。绵绵不断，其间几无一分一秒之暇。即以全力分之为二人，注力于是，而犹有毋暇及此之感。盖探访者无一定之规则，必身体之康健，始能达此目的也。如距离较远之地方，其间有紧要之集会，则探访员必自早远出，且预决定某时正在开会。及其闭会，更宜速归。至归途中，又须将当日之笔记录迅速添削。或有需解释之条，更须力为记入。其间之劳倦，固不待言。及其归社，正可偷闲片刻。奈无头无绪之事件，又纷至沓来。忽时已夜半，忽思得重大之事情；或事正仓卒，忽接得探访之命令。积劳既久，身躯能不悴弱乎？即有格外之康健者，虽或不感脑病，不冒寒暑；然当此繁剧之业务，亦往往有席不暇暖、食不甘昧者。此身体稍衰弱者，所以不敢任探访之责也。

　　第二，思虑宜锐敏。　往年当速记法之效用未能尽力也，故其时代之记者，专凭记忆。探访者，须稍具辩士之谈论、讲演之学力。然非实在之谈论讲演，其所缀之记事，能与该辩士之所见一致否，编辑者亦不能知之而加以选择者也。虽近时速记之者，在探访能草精确充实之记述，其平昔之记忆与学识，亦可见而知之。然探访员于探访新闻既示其力量，而欲探访之精确，并开拓其心境，则不可无博学淹识之人，以成一切之预备。而速记法之妙用，必不能迂远如此。盖有时数礼拜数阅月，继继绳绳，而为此之逐语记录。如由职务之全体观之，亦决不可为此多大之劳力。如彼记忆之通信，匆卒之间，每草率而不注意。盖非如高等文学，专事文章也。毋论现在探访者，有无能文之士，而欲求一探访者之笔，满读者之意，终觉其难。盖新闻业发达之国，往往同社之社员，与他社之社员，互相鼓励，互相竞争，因而互相启发。故近来记述之方法，日有进步。即如今之介绍演说者，各探访者无论有无误传，而具一段之记事，类能摘要提纲，以归纳法演之记载。一切主义，无不发明。又能点缀其言词，使读者一目了然。此亦探访之一进步也。记事，实占探访者职任之大部分。如新铁道之线路、水力之事业、改良之排水（即阴沟）之新建筑、堂殿房宇之记念碑、瓦斯（即煤气灯）之大工事，以及最近之科学进步、军舰之动静、机器之新式，乃至风土人情、商业消长、一切社会之景况，皆借此探访者之笔，以介绍于世。若此探访者，能于公共社会之利益，足以教导而鼓舞之，则当时实业家之趋向，不难满足。而一己所关系之新闻纸，自经济得宜，财政宽裕，亦可悟其不失信用之忧也。

第三，宜诚实而无偏倚。　探访之人，在在皆宜公正无私，祛私见以窥真相。否则受裁判多少之烦累，且驱一己而为无颜之失败。故不宜放言傲物，而一出以平正。切勿效寡识之流，动辄以评为盲，自夸其探访之精确。然此不仅为自己一身，且关系于新闻纸，使较社会所信用也。至老练之新闻记者，其妙用之法则，在不判别事实之善恶邪正。何则？盖有闻必录①，新闻社之义务，如是而已。善恶与否，以待读者自定评也。如于演说介绍之地，可不逐语记录，要以简约真切，括其全篇。所以登新闻之意，以其但观辩士之才能学识已耳。至如何而始无误传，如记赞成者之喝彩，非所以善辩士也；报反对者之冲突，又非所以恶辩士也。要在存其事实之真而已。今如二探访者，均习练于速记术，共能写其真相。今二人于辩士之宗旨，忽各持一感觉，而别介绍异样情形于读者，令人颠倒是非。此新闻记者宜重其言责也。

以上乃探访者三大要件也。进求其目，有十二条焉。今录其概云：

第一：勤勉之事　探访者无论有如何才干，若不勤勉，而乏忍耐力，则终不能日有进境。且主任市事记者，不问昼夜，有使役探访者之责任。如探访者厌劳而不奔走，则直如无用之物，终必见退而已矣。

第二：正直之事　夫奸滑巧怪之行为，虽有时而得便宜，

---

① 有闻必录：为流行于我国新闻界的新闻用语。初出现于十九世纪七十年代。此处系借用。过去有人认为这个新闻用语来源于西方，此说有误。

然不久而必败露，此定理也。故寻常一切之事，探访者务宜从实报告，方为有益。苟捕风捉影，传言不实，弥缝一时，虚伪终露，而阅者咸责之矣。久之此种探访记者，既失信任于主任之记者，而新闻全社之名誉光荣，亦为之堕地，可不共慎乎？

第三：信任之事　信任为探访者必要之根本也。新闻社会即以信任为第一个之资本，故一举一动，皆不可不昭以郑重。如放纵之探访者，则为新闻社会所不敢用，而纯良之探访者，则为新闻社会所不忍弃。以其凡事皆谨慎为之，勿驰骛于外务，而咄嗟之间，尤能不误其机，此其所以可贵也。

第四：宜注意新闻纸之事　探访员常欲以新闻纸如切己之事，故注意而读新闻纸，殊不啻读一己之记事杂报。如何当改正部分，如何而更宜添削，且更能以读者之意见，以补一己记事之缺点，此最善者也。

第五：贵重时刻之事　时刻之贵重，自经济发明，世人已常言不息，此固普通事业之定例也。然于新闻事业，则尤见为重。夫探访者，既投身于新闻事业，首宜以此为最重之部分。如夜中付印之新闻，即一分钟，亦有不可容易放过。至五分时者，乃成败所由分。故探访者之成否与新闻之得失，往往以数分时而定，非虚言也。

第六：须有自信之念　探访者自信之念不可不厚。如既受主任记者之命后，必如向而得事务之精密，皆宜深自筹画。一己运动以外，必须实无一物依赖。虽有数同业者，亦不可恃之。故终日之间，一分时亦不可虚度，而必求其事之确切而后已。至于文词之整饰雅驯，祇在其观察点之如何，此又新闻社所当着意者也。

第七：宜知杂报之轻重　探访者之所得，总不过以简易。

而为主任记者，直可判断其杂报之轻重。如某报可取者几十字，某新闻可录者几百字，宜各依其性质，以命其记事之长短。然探访者亦宜知杂报之轻重，不可采取无价值之杂报，而消费有用之时日。且新闻面幅，固有一定之地步。若将无关系、无生气、无趣旨之杂报，填砌满纸，读者望而生厌，则新闻事业之发达，未免如玛苟赖一流（欧洲新闻记者之劣者）。探访记者之积习，殊可惜也。

第八：宜有敏捷精细之思想　探访事业之资格，莫贵于敏捷而且精细。如欲批评康脱柏额卢氏之哲学，必须于政治议会席，有最善之通信者。盖以其哲理深醇，而非仓猝所能就也。如美国常当一大宴会时，各新闻社之通信者俱招待在座。酒方阑，一客豪饮狂餐，兴极起而朗诵禁酒之文，声振四座。诸客及各新闻社之通信者，皆恶其狂而嘲弄之，掩耳不欲闻其说。中有通信者，独举其状，精密记之，并记其所言禁酒文。翌日登载诸新闻纸，精细无遗，而他之诸新闻，只落落数行行而已。由是某新闻遂得非常之感动。而禁酒之令，亦于是日严云。

第九：须有临机应变之才　广交通而机智自富，见一斑而全豹可察。深知人情之微妙与社会之性质，而会得临机应变之才，此为探访者所必要也。新闻社之成否，即卜于此。故新闻社中，苟得一如斯之探访者，真较千金为尤重也。

第十：录他人之意见，而不参一己之私意　是乃探访者最宜留意者也。如政治也、宗教也、社会也，一切事件，皆宜以其个人之感情为定，而不可挟通信者之私见于其中。其有可参意见者，如社说或时事评论而已。其他若自述意见，徒逞其个人之言论自由，此不知权限矣。近世新闻学之精神，凡杂报与论说，不许混同。一以报道事实，一以表彰理论，此所以明两部之分业也。

第十一：文辞迟钝者，事实须精密 如文辞平易近人，且敏捷而有光彩，自足成为一家言，可以免读者之多少论难，此义之上乘也。其次则事实足信，而文辞虽稍迟钝，尚为无咎。若文辞既不足观，而事实亦欠精密，则真为读者所唾弃矣。

第十二：胆欲大心欲细 探访者，社会之秘密员也。各种人士，皆不可不接应。上而王公大人，下而舆台隶，宜广为联接。其见闻之处，种种不同。如论难也、谀谄也，有为情而死者、有包藏祸心者。有誉、有辱，有暴富、有赤贫，有喜、有悲，有慈悲之善行者、有可怖之恶业者。凡人生之喜怒哀乐爱憎之活剧，千种万态，不可思议。而探访者皆可穷形尽相，以发表于社会，是即探访者之责务也。此外现象，苦乐多端，变化无尽。探访之时，亦不可不注意。

以上所述，探访通信者最宜注意。而能备以上之资格者，虽自来所难，然以理想求之，而探访者之资才，实不可不如斯也。至通信探访者之俸给，欧美诸国，各有不同。然以概算之，一礼拜之俸给，平均在二十一、二元之间（中国四十余元之数）。如美国之纽约，英国之伦敦，大约在二十五元至五十元之间，亦可谓厚矣。

第十章 新闻编辑局一班

凡新闻编辑所属之事务，不可不严立区别，即社说与杂报是也。社说者，以评论为主义，如某事宜如是，某事不宜如是，是即理想上之意见也。杂报之主服，只在揭载其事实而已。而编辑记者之事务，原不外集合与产出二义也。集合之所务，重在记事之校正、排列等项。产出之所务，在将集合之事实，发表理论之意见是也。而载之于新闻纸者，盖一则演绎法，一则归纳法也。此二种异性之现象，宜常注意，不可混淆。

通信探访者之职务，前章述之矣。然无数之探访者，穷日夜奔走之力，汲汲从事于搜集杂报。至其所得杂报之原稿，则归校正者之手而已。若夫此校正者，既得原稿，删削之、修润之，而后付之印刷。是校正者，于记事之确否，与探访者分担其责任。至于文意上之校正，又校正者一人所负之责任也。盖一新闻中，凡有关于校正之事务，概属于编辑事务记者之监督。而市内之事件，又归之于主任市事记者之监督。故主任市事记者，于记事之大要，常注意于探访者，以视其能合主任记者之意否。若夫校正记事之辞意，通例由探访者出其原稿，而如何下标题之语，则一任校正者之意见。然标题之事，欧美诸新闻，颇有责任。非才能伎俩之人，不敢为也。

欧美诸新闻盛用标题法，欲阅者之注意于记事也。选数行简括之要义，以为标题。此种术艺惟须熟练，而后得其记事神髓。大标题既成，其余之细标题皆可不用。要在依其标题，使读者于其事略，一目了然。故记事标题得法，则其效果可以发达新闻事业而有余。盖好易恶难，好简明恶烦杂者，人人皆然也。

主任市事记者，常举十数之探访者，纵横驱使，以探四境之消息。而其下又有数校正者。凡近市府数百里内之事件，概有独裁之权。故其职占新闻编辑局最重要之部分也。电信记者，为主任市事记者之正当，而监督范围外之杂报。如有远地所来之电报诸件，归其司理。故电信记者之责任，属于普通编辑事务记者之监督。

交换记者，属于编辑事务记者之下。通览每日全世界各种之新闻杂志。就其中所载之杂报、小说、论说，剪裁而断取其有用者，更改换以适当之新标题，揭出于新闻，以增盛光彩。故新闻交换记者，每较之他员，其脑力多一层发达。然其责任亦较轻。若此部虽有过误，较电信部、市事部之过失，有损害于新闻全体者，自有间矣。以其非由自作而杂采他人之言论也。然交换记者，最要之资格，在将新闻杂志迅速读下，敏捷强慧，有不遗其重要记事之能力。故交换记者，遇无数之新闻杂志，只读数行，而直可以瞥见其全纸面之事实。故交换记者，其精神其学问，必须有正确之判断力，出色当行之文字，而后能充其选也。

他如演剧部、出版部、批评部、经济部、铁道部、游戏部，皆各有专门记者。随其分业法，以确定意见。而皆有谙熟练达之才。故社中之报酬亦大。

大新闻社，必有论说记者数人。其位置酬金，除主笔记者、编辑记者，无有及之。而其报酬之也无一定。如美国之大新闻社，每年一万弗；小新闻社，则千五百弗或二千弗上下。此论说记者，直辖于主笔记者。盖主笔记者，必有关系最重要之问题，第一等则执笔自为之，若关于第二等之问题，均命论说记者从事，然此等之论说记者，可各出心裁以记述之，然后呈于主笔记者，再由主笔记者核其技论。果能与自己之意相吻合，而又不与该新闻社主义矛盾者，而后取之。苟有意见差异宗旨不同者，则主笔者有弃而不行之权。然新闻论说之务，在将每日新出事件，摘其重要下以定评。原因结果，详载无遗，並错杂参差，整齐划一。明事物之干系，附记者之意见，以指示社会上一种潜隐之势力。故一言以蔽之曰，由单纯之事实而抽出之，其以成复杂之理想者也。法国知名之新闻记者佛洛伊梓氏曰：得一最适当之评论，胜于十百之杂报，诚哉至言也。

晚近新闻论说之文字，已有月异而岁不同之势，而于美国之新闻则更甚。盖以当时最流行之论说笔法，揭之于记事简括之中，每参一论者之意见。故新闻纸之论说类中，于内外通信之概略，而以单纯批评，充填满纸。遂使读者可不涉猎新闻中之杂报类，而已得时事之概矣。故欲窥其要领者，而论说类内，亦不可不少注意也。要之，论说之神髓，在参于事实详议之内而后得宜。然此之评论，所以与杂报有异者，盖杂报仅载事实，不在参以己见，此近世新闻之主眼也。论说者，在依其新闻引绳批根，以指明其肯綮。有活动之势力，有精灵之思想。故其持论，非精确而切实，博闻而宏识者，不足以胜任。此论说记者，所以尤宜通晓当世之政治社会也。

批评出版书籍，与社说无异。故欧美诸国新闻社中，评议书籍出版之人，其地位甚高，其报酬较他部为大。盖以评论出版书籍者，其新闻有文学之社说，故不可不加意也。况评议书籍之最要在参以己意，指其书籍中之要领，与著书之意见，提纲絜目，使读者易于领会耳。

编辑事务记者，其势力、其报酬，次于主笔记者。而一切社中之主任市事记者、电部记者、交换记者，及经济铁道等之诸部记者，皆归其统属。常有监督全社务之权，凡不妥者，且得有随意变更之权。

若夫主笔记者，则新闻全社之总理矣。其事权、其责任，不仅社说一门，而凡观察新闻全体，皆其应有之权不能弃也。故主笔记者，为编辑室内位置最高之人。而新闻之名誉，即以此一人之能力为定。至大董事人，又次于社主，亦为新闻社中有力之人。其职务不仅管理编辑，又可总理一切会计之事务，盖即经营新闻者，而新闻社之经济政策，均依此人为定。故一社之存亡，实关系此人之力。至新闻记者之责任，虽各以性质伎俩而异，设有过失，亦不能免罚。即间有免者，亦视其过失之轻重。若一昧免许，必至不成事体。如将重要事件，轻易看过，甚或记载误闻，即为新闻记者不赦之过。数年前，美国纽约之某银行破产时，西加俄最有力之《兹理比犹能新闻》接其电报，而电报记者，不思于西加俄府有几许之影响，乃轻轻看过。而其电文，仅视为平常，以最简易之文，付之活版。翌朝，见他之新闻纸，以大号字详载某银行破产之颠末。于是新闻社，将电报记者，斥免三名，此其例也。又纽约有一新闻编辑记者，欲博当时机敏之名，为某新闻之主任市事记者时，一夜知某贵家女病状危笃，欲与他新闻争先报告，翌朝以大号字报某贵家女死去。不意其时，女尚未死，因此遂免职。由是观之，凡新闻记者，迟钝不可，过敏速亦不可，两者俱为受祸之胎。故新闻记者，平日每有忧虑不测。盖新闻记者，无论如何机敏，一不慎即被免除，其地位视他人为困难也。故新闻记者欲告成功，不可不时用其巧术。此事与新闻纸甚关重要，虽为容易之事业，然必有种种之伎俩。如杂报宜避干燥无味之弊，而纸面①亦宜有一层异彩，勿使读者生厌不能终篇。他如无趣味之记事，不可多列。长篇大文，削浮华之词，分段落尚确实之理。勿如学校之生徒，强作散文，无用名词，填凑满纸。如是则读报者醒目，而购者必多。此新闻记者之伎俩即于此显。至游戏场中，种种现象，花样一新。记者亦宜毫无疏漏，使人乐于购阅，与此正同一笔法。夫新闻事业，每日报万般之事物，与每日社会之现象，发生迅速。万不能彻头彻尾，于一日之间看其底蕴。其必以多少之想象事业而补足之。以新公众之耳目，且以留其余地。此新闻记者一种之秘术也。即公众责以因何知此，亦不足深咎之。律以新闻社会之德义，亦似容许。盖有此举动，则今日新闻事业方可因立发达，亦不得已之事也。

日刊新闻，其集杂报亦有一定之时间。凡事已由探访，报导精密，然公众于社会之事务，欲早一分间知之。故新闻同业者，亦如入修罗场，忘餐废寝，争欲早一刻以报告于读者。如已起之事件，或初起之事件，以印刷于新闻。而读者，可以顷刻而推测其始末。故新闻纸上，断不可不以过去体之笔法而记载之。然报一事件，常有迟落人后之患。或记一事，而前后矛盾。亦可以想象之词，预为修饰。各〔如〕某处有作夜会者，而印刷新闻时既迫切，终不能俟其事毕，则可先探知其重要事件，并其材料，以记当夜之景况。记者即可以

---

① 纸面：指报纸的版面。

心眼之经验，而作正当之评论。又若有演说会，或已见演说者草稿，或尚未闻演说，可先摘其大要，其他则以想象词补足之。并宜乘早争先揭载于新闻纸，使读者惊其探访者之迅速，而记者之席，亦必实践无疑。由是观之，则新闻记者，实为社会秘密之机关，非可滥用无法。如原来之事实，实者虚之，虚者实之。即令其所想象者，亦可与实际者相符合。有时则精密写其事实，较事实而又过之。若其事非重要，而记者亦可使之为正确。此种法术，非可以论难也。虽然，此种法术，其危险亦多，使不注意而行，终遂不免于失败。常见一最知名之新闻记者，有用此种秘术，而至失败者。因闻天文学之预告，谓某夜有流星放异常之光辉，直如太阳夜出。某新闻记者，闻不知原理，辄造一想象记事文。长言精密，谓从某处观测天文，天象之中有奇妙不可思议之事。遂将此事揭载于翌朝新闻纸。于是人皆惊异之。孰意其夜阴霾，不见一星之影。而新闻已印刷，无可改订。至夜半，黑云密布，大雨倾盆。而其新闻中已有流星放光，宛同白日之一篇精密记事。于是人据为笑柄。原其初意，本欲博人誉，不意弄巧成拙焉。是则新闻记者，欲博机敏之名，而持之过甚，遂致失败者为多。虽然，想象记事，惹起过失者多，而博名誉者亦不少。要之，此种秘术，乃新闻记者侥幸名誉之具。行之得法，纵以不失事实之精神为佳，要在确知其最稳之部分也。故新闻记者，以正当之手段为定。况文明社会中之有名新闻者，第一在报道之迅速，而记事虽不可太虚而失之妄，尤不可太实而失之无味。况欲其新闻发行最多者，必不可不知斯乎。如老成持重之记者，虽记事严重，无毫厘之谬误，持之过甚，无一点活动性。况购读新闻者，半取以振作兴味之用，岂必如帐簿之勘记，条条无差耶？

第十一章　编辑事务记者

　　编辑事务记者，乃编辑部之一员，立于各部员之间。凡关涉编辑一切之事，皆其责任也。故事极烦剧。自早来社，整理各部之记事，与派遣各地探访。及一切原稿，不独皆归其一手经理，而又有速付印刷之责任。故由各员观之，宛若居总理一社之地位。新闻事业，日积月累，受事务之压迫牵制者也，无一日安居。真如探访员之奔走驱使，勤劳不已。至分配于纸面各部，亦其责任也。第一于商业广告类之件数，不可不考查。盖以此类属于财政，为新闻之要件，而会计局受其影响者不少故也。夫广告件数之多寡，常不能平均。有登载一礼拜者，有登载长年者。故机敏之事务记者，能预知件数之增减。其广告之来，宜于记事之各部，省留余地几何。于是先之于主笔记者，次听之于探访记者、游戏记者及商务记者之意见，并宜点检自己所存之手折，以定当日各稿件所占之纸面、广告之部署既定，然后整理其余船舶出入之记事，及议会与外国电报寄书文学之记事。而当日又必须将原稿之总数，重加计算，以完纸面之分配。故居此任者，凡关于财政之记事，必须多留纸面，以供主笔记者与商务记者之预算。其他各部，可省略截取。若纸面有余，可交文选部，使整理之。审确既定，而后付之印刷，此为重要之事。全其记事之件数，当预知其是日之纸幅为要。此所以非久经验而决不能也。且原稿分配整理后，编辑事务记者，可谓能尽其义务矣。然因记事太少而请益者，亦常有之。有时编辑事务记者，因非老练果断之人，或短截其记事，或仍其误谬，则必受同人之憎恶。且印刷布置，通例宜预期其材料之扩大，以分配原稿全部于活字版中，而后得其分布之宜。此时苟不留心取舍，又无周到之调停，徒漫然搜集，则无数之记事论说，与最紧要之通信，全然淆乱破碎。既失读者之望，终受不信任之恶果。故有识之事务记者，常不取此无始末之事。必精选材料，整然于纸面全体之配置，始为得当。但此种事务之成功，全在以不屈之精神，与肆应之才力也。其于第一期，如原稿之记事省略，可附以晓畅之言论，扩充而敷衍之。如欲删改，必将其记事之全文全节，细心体会，不可失其本意。既记事之处理既竟，则其执务时间，既已经过，而付于印刷之际，尚有几多之事，仍须料理。此事务记者所以处置颇难也。且主笔记者与其他各社员，既以退社以后，而当此责者，仅属于一人。故此时乃事务记者，显发伎俩之极好机会。既了此事务，则当日之劳力计划，可无虑乎放弃，且可揭载新材料，以博世人之喝彩。但此新计划之中，委其一身，注其全副力量以处理此问题。如对于文选部、铅版部及机械部诸人，可限以速力，而警告以进取之事。使不空费时间，则翌朝可乘第一次车发送。至从事于印刷，及其完竣，已与前夕之主笔记者，及他之各社员所预期者，大异其趣旨。其中各皆妥适，不仅得读者之赞叹，即置之与此新闻相反对者之侧，亦可使其惊叹手腕之敏活。虽然，新闻界中求此等果断明决之事务记者实鲜。苟非精勤机智确然不拔之人，未能臻此。要之编辑之要诀，虽出事务记者一人，而社员全体之办事，尤在通力合作，各部互助，无彼此之轻重也。譬之一身耳目手足，互相为用。故迅速确实之要，居此职者必知之。周到精密，一字一行不苟，则犹赖聪明之文选部细心经理，巨细均平。俾读者无从摘其谬。即多数社员，亦宜各尽热诚。其纸面之改良进步如何，故事务记者，当日以奖励各员为事。而纸面之整齐信实，遂可期矣。

一切新闻原稿，虽常经编辑事务记者之手，然或有时由探访员、商务记者及游戏记者之记事，即可直付诸印刷部。而编辑记者，只监督其校正而已足。此时监督法：第一，当防经验不足之记者，间有非议之记事，其放纵之文章，尤宜改窜订正，以免惊世骇俗。此最要也。第二，当避记事之雷同。盖以社员数多者，每有此虞也。第三，各部供给之材料，亦宜加以限制，此为事实上之必要。盖监视之法，原不仅将无用之记事，送回于文选部，更宜广探事实之适用与否。不然，毋宁弃之也。他如布置纸面之法，则举一切不关紧要者，改削检点，庶几敷衍尽去焉。至校正纸面全部之责，乃于事务记者之编辑上，更当细心考究。虽然，此章准备，不仅防污纸面之品格，及误报讹传等弊。即全纸面之各项，并期配置，皆得其所。然后可以保全新闻之名誉，而博读者之美评。此编辑事务记者所宜勉励者，亦甚大也。如接到电报原稿，由午后至夜初，皆编辑室记事，所措大问题也。英国之大新闻，如有重要事件，则由伦敦之通信员，每以电文急报之。如议事录通信，当急于发送时，剪裁为一段落，依次以电报之。至其各段落之号码，尽附以字母，或字母之数以上，再加以回次于其上。盖防数种报告混淆错乱也。至其全文涉数十段者，则统一整理于断片之通信，庶可无失误之虞。此所以编辑之时，心胸须凝静，手腕宜敏活耳。然如以上一段落一章节之区别，总欲将各次议事所经过之事，速速以介绍于读者。然同一样之通信法，而政治上或公共上，有重要会合之事，无论其所议之事如何，必需急报，乃不迟延。而读者自多矣。

夫社中之遇要事，用电报通信，犹为经营新闻之单简事务也。然编辑事务记者，疲精竭力而犹有不及之感者，果何谓也？其所记事务，即关于外国电报、地方新闻、商业通信，及行情表与船舶之出入移动，以及寄稿与通信员之特别通信、或主笔记者及印刷部与他之理事者之要求是也。设此主务者，纲领稍弛，则一瞬时间必堕坏于无形。况印刷之期，连迫而来，稍不周到，则翌朝必受人指摘。即使读者随手翻过，而读他种之新闻纸，则见探访部如何供有用材料，主笔记者如何周密注意，印刷部如何急于赴功，独此编辑事务记者，粗疏如是。纸面不合体裁，固勿论矣。而纸数发行之多寡，即可以此而决也。

且编辑事务记者，有摘要记事之任，但必须有含宏入细之工夫。若夫记述数节于急迫之间，非手腕活泼，才学开敏，何能臻此！且又可博文学宏人之名誉。此编辑事务记者，能使当时之人情一变，所以不可不赡才博学也。虽通常所揭载不可预期，不但不能预期，而尤须呈一层新光彩于新闻纸，而后为有力有效也。如是则各员中，舍此编辑事务记者，谁能及也。

欧美诸国，凡朝发行之编辑事务记者，通例三人，多至七人。夕发行之新闻，则三人以下，殆已无之。居此部之记者，亦如探访部员，片刻无休憩，劳作无间断。如社中之组织，最整理者，各员交相慰劳休暇。虽以一周间，或昼间、或晚间，休暇一次。若至于下级劳役之记者，决无休养之时机。如欧美之新闻杂志，于世界普通之休息日，即基督诞生新年元旦金曜日与月曜（即礼拜四与礼拜六）日，亦绝不休业。有闲暇者惟睡眠时间耳，即礼拜日，犹有几多之物堆积其几案焉。不宁惟此，即夏时休养之期，亦比较而立有限制。探访地方事务记者，亦不得过二、三礼拜，伦敦则以一月为常例。

第十二章 电报记者

各新闻社，每日须有内外之电报，为编辑新闻而不可缺者，此责任则属电报记者管理。欧美各新闻社，其外报，殆无不由路透电报而来。或新闻社派遣三、四之出张员（即至地采访者）于中央市府。又在规模宏大之新闻社，凡国内总要之区，与世界繁盛之地，无不遍置通信员。由其特发电报，以冀记事丰富。如纽约《海拉鲁脱》特于欧洲与美国之间，架设海底电线，以便通信。至内地电报记事之外，如市场商报并游戏等类，无不急报无遗。但为此特别发电，未免太贵。然欲得异彩特色于纸面者，固不可少也。至各新闻照例之特别电报外，如惊骇之事，猝焉剧起，或国民之重大举动，或国际会议特别之开启，或际大战争之时机，皆为最紧要者。此时如能神速精确以报之，必能博读者之叹赏，各社皆希望之。故特派员者，不仅自顾〔雇〕一社员，凡社外所有关系事件之人，皆依赖之。与之厚酬，亦其宜也。

又有数种之大新闻纸，见近来美事成功，而社会之运，隆隆日上。无惊奇之事足以动人耳目，则以论说博文学之批评。而压倒侪辈者，即在此特发电报记事之整齐而已。如诸殖民地诸外国之事件，其报告也莫不迅速精确。若《泰晤士新闻》可为英国新闻业中之白眉矣，谓为世界新闻业第一流之老手，亦良非虚。同此者，惟前年所发行之《海加鲁加打新闻》，揭载长文之电报。与东洋印度诸会社结立特约，并将同会社之商务，而报告东洋一面之纪事，必先于他社。故今日之紧急报告，虽极东诸邦，不过一礼拜，已可见而知之。又纽约之《海拉鲁脱新闻》，其特色在详载欧洲诸国之事情，为他新闻之冠。以是诸大新闻之特别外报，如何将全世界之要闻网罗迅速，更可知矣。其外报之美，不能殚述。即如政治之事件，而为完全敏速之通信，远出于外务部当局之上，又无容疑也。无论此特别外报社中受之后，应较他社为先，乃自然之势。而伦敦之诸新闻，与各地之大新闻社，均各互相争竞，鼓舞奖励，可助新闻业之大进步，如前章所述是已。伦敦为世界各种新闻辐凑之所，故各地之各种新闻纸，于其商务行情之消长，船舶之出入，以及游戏、法庭、议会与一切之奇闻珍报，皆须注目于此。故各地之新闻，如由伦敦之竞争新闻观之，未免侵蚀其版图。至记事之内容，苟可匹敌伦敦发行之诸新闻纸者，则必尽力采集记事。如午后六时以〔已〕过之普通电报，电信局则概不发送。惟借特发电报之便，与邮使之特报，更迅速急报之。其编辑者得与首付日刊诸新闻，作同样之工夫而发行之。于是读者可知其所以然，而地方新闻纸，即得世间之信用矣。故不问伦敦与各地方，能准备机敏，在本社之编辑事务记者，及他项社员，派出之通信员，可无遗漏。而编辑者，亦可无意外之虞矣。至持发电报通信之外，可以各种方法，极力搜集世界之总新闻，固无待言。但其中有最主要者，即伦敦如公司之总目录表是也。其印刷以后，以二、三十分时间发送于四方。则一切行情之变动，可以早知，即可谓为各公司之日报。因此则电报通信之手段，于实验则何等便宜。因其努力因先于他社之故，益以逐日而驱于简便，可勿论也。今则于此等详细规则，不及备载。至于一己所通信者，如因论说，或因著作，能增重于新闻纸面者，则莫如举世界最近事件之最近报。如政府之管理，外务部之交涉，及通商社之记事，外交枢要事件，更宜迅速以通报之。若《泰晤士》之外报电文，为东洋印度会社所依赖，可知其进步之速矣。且将来此新闻之势力，于社会之事业，如何发达，而不可不预测也。即此通信机关之海底电线，及其完成，而世界之机关，可以并归一致。故伦敦之知识，数日之中，可以供给于世界，横东西衡南北，皆此新闻社之力也。又路透电报，以新事件、新记事，供给于世界之新闻纸者，更可见矣。近来日本《时事新报》，与《嘉巴泰晤士》外府之诸新闻社，亦载有路透电报。故谓日本国民，于数日间而能早知世界之事业，非过言也。然亦由乎各新闻社，能实用此利器耳。

第十三章 论 说 记 者

　　社内组织之整齐者，特有论说记者与专任文学批评之记者。然是等记者，于新闻事业中，其位置特占高级。故当此任者，必须高才博学而阅历宏深者，始能负此重责。遇国务大臣或政党首领之演说，及盛名之士所著之时论，皆有批难庇护之任。至精通时事，固无论矣。在大新闻社，躲掌此事者亦只数人。各自依其所能，就特殊之问题，而为满足之考究。故经济新闻者，必须置此等专任部。且主笔记者，批评各种科学书籍，其专门学之知识，必须深奥。不然，则不足以中紧，又安能为专门家之辅佐耶？至通常之论说记者，则从主笔记者之命。或急迫之间，可不问政治、技艺、文学及科学何等之题目，皆可独抒己见，持平以品论之。故论说记者之笔，其敏捷自在，固不待言。其于学识亦必无所不窥，而于文学界可为万人敌也。西谚云：新闻者，人类智识之簿记，非虚语也。如是则论说记者，学习必须该博，而于草文记事之外，又宜通澈小品之传记及文学评论等事。故一言以蔽之曰：端坐安居之中，有急湍激涡之态。盖当此任者，无论内政外交，一切重要事件，必观察之、批判之，以导动社会之耳目，而如暮鼓晨钟也。夫此等论说记者之任，既如此之重，而俸给不可不多者。以彼或寄稿于他种之杂志，或担任出版业家之校订，或著述书籍，即可补薪水之资。但此地位,皆关系一个人,而非利用某新闻社员之地位,则不及此。如某新闻之论说记者,以无名氏而现于纸上。至其文既成,而耸动全社会之耳目,因此新闻纸之价值顿高。盖以彼一个人,不能得名誉利益,而彼等多有天赋之才能,其致富之途必宽,真可谓东西一辙也。

　　论说记者之全盛时代,以几分分之,洵短期也。盖以新闻社亦如政事家,往往变更其新闻政策。故虽以心细才敏者,终难堪此激变。如起一新问题,更必有新见解也。然社会之形势,日进不已。苟拘守一法,不知与世运推移,终不能保守其身家地位,且必至为新闻社会所斥退。顾时代变迁,而精神亦宜与之同变。苟拙于货殖之道,则经营家计既乖,而半世之生涯必苦,亦可悲也!故因各人之利害,以为斯道之左右,是为适合。否则必就于澌灭,可不戒哉!

第十四章 主笔记者

　　主笔记者之于新闻社,乃势力与责任之中心点也。即纸面之各部分,亦归其主宰。是主笔者,有统一社表里之权。故关于编辑之事件,必经主笔记者之允可。通例编辑事务室及探访部之各员,皆由各主任者之选择,而任命则待主笔记者而始定。盖此种之制约,原以保主笔记者之全权而不可缺者也。各部员虽各属其部之长,然主笔记者,乃一社干事之主,对之宜诚信也。故各部探访员与编辑事务记者、文学批评记者,如不得主笔记者之信任,必不能巩固其位置,有裁制统一之权固如是耳。由是社内之各部,可各尽其责任,精励以赴,其特质与势力始可发挥。此统辖之中心点,所以不可欠缺也。然岂仅新闻社哉?天下事亦无不如是焉。

　　夫忠实机敏之主笔记者,多形鞅掌。每日不仅监视各部事务之进退,而社中之各部主任及关于将来之问题,亦必周谘博访,以为各部之整理。及注意当日之记事,自社说以及各项之印刷校正,主笔记者阅读后,更宜删改而润色之。至主笔记者之寄书,其中如有危言险语,亦须重加改正。如是则消费精神时刻于意外,固不待言。然如有急速者,亦可会合论说记者,使草著之,较为妥当。至论说既终,可将其原稿仔细校正。可增则增,可削则削;其已经修正者,可作一修正之记号,使读者有所认识。夫起稿者,有言论自由之便。

至有时或误解主笔记者之意向，或其题目有出于主笔记者之想象外者，故必须改作，此势所不能免也。由是观之，主笔记者，乃责任之中心点也。全社既归其监督，自无执作论之暇，然欲增新闻纸之价值，而必欲求适如己意之述著，则不能不亲自下笔，亦宜然之势矣。然主笔记者所管之部分，既多且要，则其下整理之事务之主笔记者之体力精神，朝夕之间，其疲劳必甚。夫主笔记者，何以如此劳苦乎？盖每日中，如读书商酌、文章著述及事务，皆须费莫大之时光。盖既受此职任，则片时不能怠忘。除就寝外，更欲取休养精神之暇，不可得也。

主笔记者，既处烦疲之地，又必有交际招待之事纷至沓来。或对其功业而长赞词，或对其问题而请求预约，或与达识有为之人物酬应往还。种种烦恼，固不待言，虽然，此等会合，亦决不可一概拒之。何则？与士大夫相往还，社会之机关每可因之识破也。然交际不得当，则所失必多。而主笔记者，亦从此无指臂之助。以是观之，主笔记者可先访其人，必不拘于集会之时、集会之地。或招待于己室，或于编辑室，而常与之晤对可也。

第十五章 新闻理事

新闻社理事者，或兼掌编辑部事务部之监督。然此兼掌监督者，必未尽合法。第一，以一人处理众务，其职务责任之范围未免过大。第二，其责任既与本职有异，必须以别种之才能阅历故也。如重要问题，一时并起，则其处理必不周到矣。夫理事者，即会计部及庶务部之管理者也。每朝检点来函，实足以耽搁一日之事务。然主笔记者，既疲劳于前夕彻宵之业务，尚在困卧高眠之中，终不能胜理事者之任务，从可知也。且主笔记者，由午后至夜半，有调理一切记事原稿之责任。即主笔各部之担任记者，亦渐渐追近于印刷时间，而有不可休息之概。况有由鸡鸣而起之职务理事者，朝来之执事既疲，则午后之精力萎靡可想而知。欲于夜中更继续而为之，一人之力何能胜耶？故虽无夕发行之新闻，则主笔记者与理事者，其执务殆可同其时间。然以一人之手，同时而鞅掌于二种之剧务，于分出之法有背，恐不能两尽其责也。

夫理事者，兼有统一社务之重大责任。固已居此地位，必须果断明察与不挠之精神。盖新闻社，为烦恼最剧之场。逐日之事务，大足以消磨其精力。故必于洞明各部之内情，透彻万事之真相者，始担此责任。凡事务之监督，苟得其人，则年终欲获之厚利，亦不为难。然欲新闻纸之发达，则铁道社会之特约，运移转动之整理，以及关乎社务、一切之来往信件，其费亦不可不备也。至购买纸料，为理事者之最大职务。然购买此纸料之价值总部，必须与社费之总计相平均。然有时亦其过费，盖精择上等之纸，则其价值之数必大。如过于粗恶，又恐惹购阅者之嫌，而为登广告者所不信。此理事者之所以难也。然究之亦非至不易之事。纸局行情，互有争竞，而料目一任理事者之选择焉耳。次之理事者，各当社费不敷之时，必须于每一礼拜内，细心书载，预算之、总结之。老练之理事者，所以一目了然，亦不过此术耳。苟不知其故，则所有之佣工，均可周谘，自可知其失费之由。惟既知之，必须极力讲求善后之策，计方得也。

夫理事者，于节减冗费之外，更有重要之事所宜知者，即谋发达社运、增加纸数、招徕广告也。盖以理事者，为实务部之主。凡关于各种之事务，自应无所不知。由事实以奖励各员，使各员诚心倾听，而能以共作改良扩张之谋也。故无论何部，必宜去退步心，此所贵乎平日之奖励劝勉耳。

尝见夫新闻社，依游说之法，以为广纸数则损新闻社之威严。不知近世广告件数之多，为发行最有利之举，此近日惯用之矣。今者，理事者于此方面，有足以实行其才。然无论何地，均宜以确乎不拔之精神，以期事业之一致。精益求精，乃可收其效果。又理事者，必须与编辑部、探访部，互相亲密。虽纸面之记事排置，殊非理事者之任，而实际关系新闻纸之发售者，不得不待各部协力，而自尽其一己之责任。可知理事者，即居此协力之中心点。故理事者，有关涉编置记事之责，或商议于主笔记者及编辑事务记者之事。要之，理事者之于新闻社，乃一切之管理实务者。如考核财政，迅速销售，使广告件数日渐增多。斯可与编辑部互相精励，以图社运之蒸蒸也。

第十六章　社员之制约

　　尝有老于此道者，语其年少记者曰：闻何事则语何事。此意谓编辑部各员，如有利于报纸及有意趣之材料，使一切采集之，则每日职务，于社中事项，可守秘密不使人知之严格也。且各新闻社竟欲丰富其记事，故特努力扩张其记事之范围。但事关机密，即与最亲爱之友人相接触，亦宜谨慎。此等人，记其名字，或为客员、或为社中之助力者，不可误认其人，而放弃其利益。此社员最宜谨守之制约也。苟社员有泄露供给材料之姓名，是真不可宽之罪矣，亦友谊中之犯罪者也。虽于社中同人，无所紧要。如遇反对之新闻社员，语以特别材料之出处，并告以助力者之名，且示以同社员之考案计划；并其社中特别尽力之处，亦倾吐相告，则有损于本新闻者必多。亦何贵乎有此言责之记者耶？

　　又有匿名揭载者，于日来之连载特别记事或论文是也。其著作或于何人之手，出于何人之意，为社员者决不可冒以己名，或同人之名。然此种每启友人之疑问，或有警戒非难之词，而胸有成见之锐敏新闻记者，既不欲逆其友人之意，故每沉吟而不能答。然亦无难也，可直答以社内之特约，不敢漏泄。故有严守此约之新闻记者，虽于亲友闲谈之际，而匿名之著作及计划之人，皆秘而不语其姓名。此又社员对于他人之法律也。无论关于一己之名誉，非全然可守沉默，往往须辨明自己之利害。例如自己所著之论文，亦尝有误认为他人所著者。然有时此无名之记事论文，或由社外之寄稿，或本社员所作之稿。凡涉于单独责任之主笔记者，可确定其事实之如何。又主笔记者，虽关于社内一切之事可严守潜默，而其生平所信托之人，自能决其不为外人道。如有泄露，更当推求其故，以戒将来。如主笔记者之于俱乐部、于集会，或在其居室时，因同人之情难却，每欲以自己之名而求文章之誉。既经知悉，自宜严密，善为之防，不可有忿怒之情。盖不如是秘密，则各员皆可效尤，而不能墨守权限，即在社内亦不能维持一己之地步也。

第十七章 访问记事及新闻记者之访问

新闻记者之访问，乃高等探访者。而于新闻记者，得有材料之妙法，又晚近新闻事业之一大紧要现象也。至寻其起源，乃滥觞于美国新闻社，今遂盛行于欧洲各国，而于英国为尤盛。其所以发生于美国者，以美国人民心甚好奇，凡事皆求新舍旧，以为快活精神之用。又其组织国家之皆归其因于平民。故美国之人，苟有扬一事业之名于天下者，皆为公共之人物，作国家共有财产观焉。然贵族之阶级，嫌之如蛇蝎，自骄傲以愚视家人。遂专记一己之便利便益，而不及于他。此其故在美国人民，如学者、政治家、宗教家、富豪革命家，苟见有名动天下之人物，其视之亦如公园纪念碑与公共所有物等，皆以彼等同有财产之故也。然新闻记者，每于礼拜日，出入于公园或公共之建筑处所，全无泥拘。以访问天下几多之人杰，提出种种之杂问，以叩其意见，并将其人物与家庭间之生活书而公之于世。故美国之新闻纸，凡关于政治家、学者、宗教家之新奇佳话，无不备载。否则欧洲之新闻纸，必鲜生气之感矣。故美国之新闻记者，常有奉其社命，远来欧罗巴、亚细亚者。至其地，则面谒其内阁宰相，或政治家、或盛名之学者、或其国之皇帝，毫不谦逊。苟待遇之不合意，则挥自由自在之文笔，极力痛骂之，张其恶名于天下。如中东战争之际，美国纽约《乌阿鲁脱新闻》之来〔东〕洋通信者古利鲁玛，束装东来，留居日本，求谒神武天皇，此其例也。又传旅顺虐杀之虚报，日本之恶声，遂流布于世界。亦全由待遇之不善，故彼以此相报复也。美国尝有新闻记者，用此种主义而达于极端者。然彼等滥用此莫大之势力，故欧洲人士尝称之为耶能克之访问者，盖嘲其为铁面皮也。美国新闻记者之特色，亦具于此矣。夫此美国新闻记者之访问主义，渐侵入欧洲之保守世界，此亦自然之大势也。欧洲新闻社会，既感染其风潮，则自明白其事实。即以崇拜个人自由之斯宾塞尔，以为新闻记者访事，侵害个人之自由权，大加叫绝。以嘲弄著名之波露孟斯，评之以为文明过度之物。总之新闻记者访事之举动，固无疑也。现今欧美新闻纸，为之大放光彩。如能揭载当世知名之士与新闻记者之面语记事，其新闻发行，必增加二、三倍之多，此最明白之事也。盖访问记事者，如活动之小说，而当世文学中，最有生气之文事也。然则高等探访事业，非易事也。盖必具有一种之技术，始能晓畅此机密。此新闻记者，所以须绝妙技术之人也。

昔韩非子作《说难》之文，谓说之难，在知所说之人之心，而后以吾说为之的。新闻记者之说难，则在破露所说之人之性情，可直言彼胸臆之秘密也。故当新闻记者之访问，必常遭遇三种人物：一饶舌多辩之人，一言语不苟之人，一沉默寡言之人。盖其观察之时，一则可以利用新闻记者之访问，一则使人畏新闻记者如蛇蝎，一则有萧然自在利害不相关之概。要之，为新闻记者，其所遭逢，不外此三种人。故新闻记者，如欲研究人情之机微及临机应变之作用者，舍此恐终不能达其目的也。

且关于访问之记事文,即所作之访问录是也。是又一种之技术,亦非容易之业。昔时文法,大概以问答体行之。首列记者云何,次列主人云何,以记事之首尾一贯,而以数字排列之。此规则虽正,然无抑扬、无活气、无精神,平平庸庸,体例陈腐。终为读者所厌烦,而又不可投主笔之嗜好也。若夫有才识之新闻记者则不然。其点缀记事也,必用当世所流行的小说笔法,先写四周之光景,而巧作主人公之容貌,使其人跃然纸上,以幻映读者之心镜。如有言词无味,可依前后之关系,而作理解。如有事涉冗长恐读者生厌,则删节之。盖应时之言语,贵宜简切,要在不失要领。巧缀一篇之文字,宛然如活小说。绝无荒唐无稽之语,则必不能激起读者之感情,而为所爱顾也。今于新闻记者,宜示适宜访问之法。第一,欲访问之事实,不问其为政治、为交际,乃各关系之事,皆留心访问之。至其所访问主眼之大要,不可不牢记。世有突然访问于人者,常令闻者漠然惊愕,失其安静时之思想,则如何先设一有定之疑问乎?其人苟知其故,终必详告无遗,而访问者可以全力记忆其点要而归。如有教育或统计之特色言语,更宜留记之于手折。且谈言之际,可彻首彻尾考察其有精神之所在,而不可瞬息忽略,倘议论歧出,又当力行注意,不可忘其主眼。如有疑难,一问继以再问,要以不失其问题之意为主。故访问记者,其编造记事必须记忆会话之全体,必举主人言语精神、举止动静,和盘托出,穷形尽相而后已。于是访问者还社之时,由记忆力加之点缀。使主人之精神意见与当时之光景,仿佛留映于读者之眼帘,斯为妙也。

夫访问记事,登之报纸者,大概有二种:一则以访问记事为冒头,次记其互相谈言之处及其时刻,此一例也。二则取主人公最有精神之言语为冒头，渐论此言出于何人，并述其说论之概略以为结局，此又一例也。且此体例所最当注意者，即不可以记事体陷于问答体。如能用稗史的笔法，斯为最妙。故记忆力之强者，而得无上之便宜。盖以其于数十之姓名言论及种种一切之事物，皆不可不记忆。虽可携带手折，随时载录，以备忘遗之用，然不如记忆力宏富，不用此之为愈也，总之，袖中之手折者，必当万不得已始可出而用之。但值谈议最浓之时，苟访问者忽从袖中取出手折以记之，不仅遮断他人之言语，即一己之词说，亦必不能完写。且心神不专，则措词无轻重，而更有截断言语之患。虽访问记者，或能以速记法尽写无遗，然非有经验之访问记事，不能为此。

探访记者之所须，已述于前章矣，然此种之访问记者，能知人情之隐微，直如探物囊中。故营斯业者，必深阅人类无穷之性情，而始克尽职。然此职业，乃教诲人情学满足之地。故经年既久，而职此新闻记者，每于不可思议之中，有勘破人情之智识。由是窥察人情，恰如精音乐者，自能通彻声调之徐疾。如触某弦则知其发何音，触某某人之情线，应知作何举动。如是无量人之人情世故罗列当前，可得其精密缓急之要。故其与人酬酢也，或巧令其言色，或示以痴愚，或平平淡淡，或作心雄胆大之举，或为傲岸之形，纵横无尽，皆其施术所得也。故老练之新闻记者，深阅人情，久经世变，实有足令人惊愕者。如欧美诸国，以老练之判事，每遇不能决之疑狱，多依新闻记者一纸之谈，而得辨其罪之有无，亦不少也。夫新闻记者，结交天下知名之士，致有势力于社会，此知己之所以可贵耳。且交际广之新闻记者，新闻之材料亦得因之增多二、三倍，随可多得其报酬，并于新闻社会，易有势力。故其社交熟练者,乃彼等成功之秘诀。故其于初见之人,宜记忆其姓名,一见直知其为某某,全无待于思索。能养成此种之习惯,则新闻记者最有益之事也。至学之之法,可将其人之名字住址,留书手折。真如学习希腊罗甸语,常暗诵之,则自能养成此种习惯也。至记事之例,其探访者或通信者之名氏,皆不记载,盖意在匿名耳。故为社员,能熟达探访事务者,皆以非凡之才而为一社之理事。虽于新闻社会,名誉隆隆,而世不知其名者亦多。如《海拉鲁脱》之通信员、《尼犹约克沙》之记者及《泰晤士》之通信员,世皆不知其名,而玉石混淆者更不少,即匿名故也。是以从事新闻事业者,而苟有好名之心,非不济己。总之,社员之通信及访问记事等,均须用匿名之法。何则?列社员之名,则以个人高出公众,非新闻全社之利益也。

第十八章　为新闻记者之道

　　从事新闻之业，虽可依书籍籍师授，以研究探访、校正、编辑及各种分门之事业。要之，最良之学校者，则莫如此新闻社。以其兼有责任，而优于实际之方法教授也。他事无论已，即其条理布置之事，虽如何口讲指画，如何研究书籍，而新闻社内探访精密之技术，终不以实见实行施之教授。非谓学校讲习之中，无新闻学教授之要。盖以学新闻学者，将来入于新闻编辑室，其敏捷活泼之素养，虽不可缺，而考求其实际事业，则非经验实践者不为功。夫未来之新闻记者，青年也。其研究新闻学之必要，则无异工艺家之于工艺学校，辩护士（即律师）之于法学校也。世人虽尝谓新闻记者，可得养成为天才。然既谓新闻记者为天才，则法律演说者，亦可谓为天才也。将来此新闻事业之方法与实践，诸大学必有教授，然今日犹不臻此程度，不可谓非国民教育之大缺点也。夫欲为新闻记者之有志青年，其初入新闻业中，第一必遭逢困难。盖以各种新闻社，必须求得一确有经验之人，非无经验者所可希望也。加以新闻社中，乃极烦之职业。初来者既无暇丁宁以教诲，一日事处急迫，又安用此寡能之人乎？且新闻社恰如航海之船舶，如不谙练之水手，固不愿与之同舟。盖以同舟共济，一朝有危难，须互相救助。然苟其人为有经验之新闻记者，则无论其历史如何，入社自易。若夫抱负虽多，而经验毫无，即令其如何能任艰难，其欲入社也亦不易矣。

然入此新闻社，最大之问题者，则先以决断为始。故欲其入新闻社，自决之、自行之，不可告人。盖既有入此新闻社会之志，不可不有先排万难而突入社会之勇气。自愤励、自觉悟，以振其直破此阻难力。而其方法最容易者，则自为地方新闻记者始。若幸而得入其社，虽为极妥之事，然每因此中之文字，或寄稿记事及投书等类，而致几多失败者。故一切论文记事之删削，与其用字之变易，均必须细心检点。能忍耐必有成功，此定理耳。然亦有二种理由焉：

第一由根气努力之事，第二使发达天性之才能等事。

然无论何人，屡试屡北，而终不能见其成功者，其弊在无忍耐性。若新入此新闻社，而乏勤劳与忍耐之性者，恐终不能破社会之关键。否则于此中打破，而得占其位置，则将来之希望可达，而朝夕间即可升入有名誉新闻记者之堂室。然此新闻社会之堂室，亦少年有为者应占之地步，无足异也。

夫新入者既注意于此事，然杂志记者与新闻记者之利害，亦不可不考求。欧美诸国，欲以笔墨为生涯者，先由杂志记者选为新闻之记者甚多。盖日刊新闻之事业，较新入者，其报酬常不多之。因新闻与杂志文体不甚相同也。日刊之新闻法则，其文字生活之初步，苟不误适当之进路，总可望其成功。至新闻记者必要之条件，较杂志记者必要之资格为尤易，故未谙练而新入者。与新闻记者，其成功以比较而见。然杂志所须之记事种类，其范围甚狭，而初学者不易得其解。故在杂志记事，则占地位而博声名，在初学则可谓困难之极矣，而其报酬又较为轻少也。故欲著书立说者，则为杂志记者，可以博取俗世之名。如欲以笔墨为生涯者，则不如为日刊新闻之为得也。

普通之新闻记者，不必须博大宏深之教育，读几种有用书籍则可矣。而探访者，则必谙练与经验者（为）要质。若夫记者必宜一定之编辑才能与敏活之机关。然此等之谙练，有如学校，而以新闻编辑室为实验之地。故虽有精深专门之教育家，尚须经验数年。尝见堂堂之专门学士，尚不若新闻社之小工，此亦经验与不经验之分也。虽然，青年记者，如能谙新闻社内外之实务，又加以有历史、经济、政治、文学养之有素，则可凌驾乎仅有实务经验之人焉。虽无学新闻记者，常轻视新闻记者之大学教育。然青年操觚者，不得教育有素之机会，决不可以等闲附之。至有教育之素与否，虽一时不能见其等差与其径庭之处，如有大希望之青年，则将来必达其为主笔记者之目的。至其时则更欲智识之该博深远，亦正于此寓焉。然新闻记者之大多数，有由探访员提升者，有由专门之高等学校聘来者。但最良之探访者，必非最良之记者。虽然，如有心地强健，智识宏远之探访员，亦常变而为善良之记者，此又当别论矣。至初入者，无不有望为新闻记者之癖。故其执笔之下，即欲作一堂堂奇险之文字，以为一鸣惊人之举。然在新闻事业，其论文不必尽赖记者之博才宏识。假令奇论过多，热诚太甚，反不免有惊世骇俗。况今日之新闻，原不仅在揭载多少之议论，而出录述新出之事体。至登载来文来稿，此又可课一层取巧法也。盖以各新闻社，皆欲得良好之新闻，无他意尔。至欲入于新闻社会者，可以由家始。故其居于本上也，或为中央都会之新闻通信者之方法，或以谋一己之生业，而寄稿于邻近之新闻或杂志者。若能于此中得有把握，自可奏成功之效。如欲博大功名者，则不可不于大都会求之。至于市府之大新闻纸，有常置特别通信者或探访者于各地。虽然，多置通信员于各地，则其经费甚大，故必以减少其地方通信者之经费为佳。如能乘此机而为彼地方通信者，取少数之酬资，而与以多数之报告，则中央新闻社，既获利益，必因此而加信任。则地方通信者，渐得其机，其通信之路，从此可以开矣。

夫新闻种类之重要与不重要者，新闻社皆各异其见，而主笔记者亦大不相同。兹参考美国西加柯最有势力之《脱利比犹新闻》所布示于地方通信者所不必通报之例。今载之于下：

——火车之中，如掌车或管器者，及一切无关紧要之死伤变故。至数人以上之死伤，或于财产有大损害者，则不在此限。

——器械之运转或有损伤手足者，琐屑之事，不必通报。

——无关系之窃盗拐带及常人死去，不必报。但著名之政治家或有大名誉之人，则不在此限。

——奸淫堕胎及诱拐等事，无关紧要者，不必通报。如与著名人有关系者，不在此限。

——无关系之祭祝不必报。至著名人物之演说集会，不在此限。

——处决审问之谳案不必报。但本社有特别之命令查访者，不在此限。

——关于游戏之特别报告，不必报。如有受本社之命令者，不在此限。

——教士之教会演说与地方之迎神赛会，略记可也。至于官开之博览会等，其开会形状，可报告之。

——演剧或行店开张等事，不必报。至有著名人所为者，又不在此限。

——关于秘密结社之报告，或学校之开校式，及教师各员之报告。

——关于收获作物等事之报告。但有特别之注意者，与关于风雨霜露之紧要者，亦不在此限。

——一般寻常结婚等事不必报。至两室俱著名之人，则待本社之命。

——常有之损害与赔偿等事，不必报。

——关于败坏风纪或怪异等事，及普通之犯罪，不必报。

以上皆有力之新闻社，无须报告之新闻种类也。而通信者，如有误报此等信息，亦不揭载于纸上。在欲为新闻通信之人，见此等之条示，必谓如是几无通信之事件。静为思之，殊不然也。

假有一地方通信者，忽其近邻突遭回禄。而某某一家悉死于火，悲惨之状已极，而甲乃发一侦探之信如下：闻某某一家五人，悉死于火，其母因救儿而死，请记其事而报告之云云。下书某时刻某某新闻发。则立时得回信后，即以五百字书失火之原因，以报告之。若甲果为敏活之人，则此时已书其记事矣。何则？盖以新闻社一承诺，即当发送之。故新闻事业者，时刻贵重，他业无见其比，盖时即金也。付此记事于编辑人之手，即可有从早揭载之机会。而于料理印刷数时刻前，则编辑记者之忙碌，既难名状。殆以百千事务，已如猬集。如迟时而到，不为抹杀，即为缩短，甚至弃去而不顾者亦多。故能从速通信者，较迟缓之通信者，其机会已各相异也。若青年探访者或地方通信者，能就时之贵重，而得充满之理解，必也万事可就，而成功与立身之绪，亦从此可开矣。至电信如何缀事之法，此又颇为重要者。其法与探访之记事，无甚差异。先于全体之记事，置最著之事实于篇首。至二、三行中，始示全体意味。其次节可限以字数，而于范围内详细以述之，且无使著不甚重要之文字。虽然，亦不可仅录其记事之骨子，更不必强节其字数而为必要之文字。直如出版印刷，得以径直行之耳。然电报记事者，总宜简约费用，校正者可因其节略之要义，而以畅达之文字修补之也。盖电报记事者，无流丽繁饰之文，而字句言语，多以构造简切为主，亦文字上之经济也。有时其事之容易简明者，可以稍加订正，即付印刷，其便宜亦良多。而甲既如此揭载其记事，而新闻社亦可永赖为通信员矣。至于发电之新闻种类，宜先记其时日于前，或用昨日，或用今日，即以印刷之日为定。但新闻纸决不用其年月于其日之上，又记日之后。题目与小引，皆不附书，惟直书其记事而已。最后载己之名姓，而发电报之时刻，又附记于后焉。夫各新闻社之在西洋也，皆与邮便社会结有特约，较之常人通信，其价稍廉。而地方通信者，因其有活泼之运动，亦常自蓄车马。如遇有重要之事件，直可驰赴其地，以紧急查探。故在有力之新闻社，只欲多得新闻之消息，费用所不惜也。故市内探访者之车价，每较寻常为多。盖以其速探信息，其急缓不同。费资虽多，而新闻社之地方通信者，亦乐与之也。至通信者之报告，必须以事实为主，此乃定理。苟约束诚实，久之则自见其成功，勿容疑也。或者同〔问〕于老练之某新闻记者曰：从事于新闻事业之初心，第一则在忠告乎？某答曰：不破约束，斯可矣。如新闻记者，每于何种事情，或至时日，约不告之于人。故苟遭遇得有益之新闻种类时，即令身为新闻记者，亦必不可破约束。然依此观之，则得新闻之信息，而又不破约束，即书载于新闻纸,是其人之胆大心细,可共信也。然疑见者流,自营业上观之,不得不谓之为手段也。要之,通信者最不可不注意之要,则在迅速传通其消息。至其记事也,最宜揭载其重要,以醒读者之耳目。使能卒读其记事,而无厌烦之意。故文字须简洁明达,不宜过于冗长。如有排斥诋毁之文字,更宜确知其事实。若不谨慎从事,一旦党同伐异,不仅伤新闻之品位;而通信者之资格,亦由是堕落也。至其修饰文词,陈义更不可过高,是又主笔记者之任也。

第十九章 编辑新闻之注意

就编辑新闻之注意论之,尚有多少之法则,操觚者所不可率尔者也。今讲明其主要如下:

第一,开宗明义一语[1],乃新闻记者不可忘之要旨。若不守此要旨,则新闻记者必因此而多遭失败。夫所谓开宗明义者,果何谓乎?现今欧美诸国,其新闻记事之文体,取其记事中最紧要醒目之处,先为揭出。使全体之大要,昭然纸上。然此种体例,如能巧用之,则千变万化,层出不穷。例如以奇特之问答作起点,或仅书其美词于笔下。用种种之警策,以唤起读者之注意也。

要之,第一所宜注意者,则凡遇有可惊可愕之事,揭其主脑以显全体记事之纲领,或集注于记事之全文,或其最初之一节中。由是虽不读其全文,则以其前半篇而即可察其全体。设将冗长寡味之腐词胪列于前,读者既不得其要领,则不终篇而昏倦欲睡,此新闻纸所最忌者也。是以新闻记者之要点,必于前文说明记事,而后逐语证述之也。至缀述记事于新闻之中,则以其年代之原起,昔人评论之如何为始,而后一章一句,次第渐入佳境。夫以缓慢迟钝之方法,而欲醒

---

[1] 开宗明义:这里是讲新闻导语写作问题。本书首次将这一知识传入中国。

读者之目，恋可谓至难之业。而新闻纸之笔法，前章已论之详矣。而淡泊乏趣之间调，亦不可不省略。试举一例以说明之。如记某邻有一妇，为其夫非常之虐待，终被驱除。数日间与耻辱贫窭相战，实不堪悲痛惨憺之苦，几不欲生。因而投水，以了此悲剧之生涯云云。此一则之小引，最足使读者痛心。然最后之入水一条，其缀词时，记者当先写其悲惨之状，至其入水情形，留之为最后之结论，以促读者之注意。至于悲剧之要领，可记之于以下数行，而次节亦如之。此无他，不过欲振起读者之精神耳。欧美之有力新闻纸，其记事之文体，原不一揆。殆如上之所论，推寻其采用笔法之原因，乃有二大原理：一、每日可揭载于新闻纸之事，如可惊者甚多，则记事不可不定一目的。二、惹起读者之注意，既不能有此时间，而摘要记事，可使不加详索，而能知其大要。

第二，即记事小词之标目是也。凡新闻纸，其记小词，必常附以标目。至此标目之功用，使读者于一目之下，即能知记事之纲领。夫忙促之读者，端居无闲日月，一日读新闻纸之时间，不过二、三十分。以此短小之时刻，而读此多种之新闻，既无遍阅之暇，必先读其标目，始再阅读其必要之部分而已。故新闻纸中之标目，颇属重要。至作此标目者，必须才能阅历，始能有钩元提要之致，批纲挈领之识。而标目之主眼，则在表新闻记事之全体于数语之中。故标目之作，凡冗长之言语，与无意义之字句，不可不省略。西洋新闻之记事标目，不若日本之新闻纸，仅记其单纯而已。而屡屡附载数十行之标目也。第一则用普通大活字以充一行，而其标目，概用总括之言语，以表记事全体之意味。第二之标目，于解释普通第一标目，更扩张文词之意义是也。第三之标目，则用由第二标目之大活字，以包括全文，更约言其紧要详细也。依记事之种类，则第四第五第六之标目，亦如斯。阅者但通读其全行标目，自得要领。即忙促之读者，虽仅读其新闻纸之标目，而其全事，亦可测而知之。如能稍闲以通读其重要之记事，则详悉更可知矣。今将外国新闻标目之式列示于下：

普通记事之时，大略有二个之题目。其例如下：

英美同盟

嘉伯伦氏曰：发生于英国之国民，万不可不补佐世界之文明。

此当日最重要记事之标目，其目的颇涉数十行也。又本年一月二十九日，美国新约克府《海拉鲁脱》之新闻，见法国大统领佛阿鲁氏之死去，王党之煽动颇甚，法国政况有岌岌不可终日之概。故接巴黎之通信，直揭其记事之标目如下。今重译而出，以示一般。至其标目之法，各异其状，是所以惹起读者之注意也。其标目如：拿破仑之洪水一扫巴里云，供用头号活版字。此虽不过示关于法国政况记事之标目。然其目的如何，亦可知其概也。

第三，新闻发行之第一要件，则在得新闻种类是也。如得记事小词，直可径付之印刷，其便利实甚。以其记载明白，或可省校正之烦，且从速得先于他之新闻纸之益。又新闻记者最重要之准备，则当其得消息时，以最短之时间而能发见最重要之事件，是为记者必须之才能。何则？新闻纸中记事辐凑，过长则不仅使读者不得其要领，而全体之记事，又必不免散而无纪。故记事文章宜力求简当，使读者勿一见而误其主旨，斯得之矣。

第四，当作记事时，其记事之原稿，不可重书其表里。此记者所当注意者也。日本纸之原稿用纸，其表里作书者虽其稀，即用西洋纸料时，亦决不可重书纸背。何则？彼以一页之记事，交于文选部之手，其小片之分截者甚多，而数处之文字，皆以此为聚萃。若记载用纸之表里，则生非常之混杂，而至于无从搜集。由是观之，仅用纸之表里，不宜记载。即半面之记事，亦不得不复用他纸，由此遂可免多少之烦难。至原稿用纸，亦必须有一定之字数与一定之行数，使新闻纸之一行一字，与原稿纸之行数相对合。然有时原稿纸之何页，而知其当新闻纸之何段，真编辑上极便利之事也。

第五，西洋之新闻纸，其记述原稿，虽多用铅笔，而日本之新闻纸，则不见其便利。要之，记述原稿，字体宜明瞭，墨色宜净洁，无论用铅笔用写字机。惟近时欧西诸新闻纸，则用写字机时极多。故新闻原稿之记述，无不用写字机，以其便于起稿故也。要之，记事小词，总宜精确明白。有时涂改更正，或可免误谬。否则文选部之烦难，不可名状。从此费时失机，经济之损失，更不少也。

第六，纸料不可过省。如原稿用纸，必于记事之上下，使有余地。盖以上边之余地，预备种种添入及加贴之用。而下边之余地，以便于修正原稿之用。其他各行之间，必须留余地者，亦为是也。

第七，省字略语者，乃新闻社内之惯用，以其便于从事耳。倘如门外汉而不熟谙其社内之习惯，则一切不可使用。至其句读与他之符号，欧西之新闻社，已立有最严之法则。日本近来尚无一定，惟各新闻社皆异其嗜好，故各从其所宜，以为定耳。

第八，必须附载适当之段落。夫定文章之段节，为适当之方法，虽为之甚难；然于新闻社内积有经验时，亦可得次第会悟其机密。故节定段落，亦为记事者严重之责任。段落一误，每乖全体之意义。如前节之结语，与后节之起端，有相接之处，必附记号于其间，则文选部庶可免误谬矣。然从各节全文观之，虽不过为一段落，如由各节观之，则俨构成一小记事也。故于各节之中，附以小标目，其便于读者为不少矣。其他宜注意之事虽不一一，然从事于笔砚者，自相说以解，故不详赘。要之，新闻之文体，千种万态，虽难与以一定之规矩准绳，然总以奇折简洁、平正通达为最贵重之品。如冗长须注释之文，必力避之。短刀直入扫剔一切，斯为上矣。

第二十章 特别记事

特别记事,为近世新闻最重要之一部,盖新闻纸总体,由杂报、社说及普通之记事构成。而称特别之记事者,原非脱此等之范围。有集合杂报成者;有关奇异之事件,与有趣旨之事实而成者;或由与社说相似之论文而成者,或由历史之记事而成者。要之,其记事之性质,与他之杂报论文,有几多之相异。然是等之特别记事,为今日之新闻纸所必争。其采用于记事也,则以下所列之事体为定:

一、记事之有无趣旨否;二、适时流与否;三、编辑新闻者,就同一事件而能感其趣旨与否;四、依新闻社财政之情形。苟其特别记事,不由他之新闻记载而成者,则其文章构造,必有多少之缺点。且采用他之新闻,亦自有其机会。若其特别记事,文与论说之体相近,则其发表意见之时,或采用记事之如何,即依其所谓新闻政策,能符合与否为定。设其特别记事,有多少关于世之所知之事实,则不叙述其题目。其采用与否,亦全依其记者之文词与时机为定。夫所谓时机者,虽为新闻记事中最紧要之事;然特别之记事,亦与此相关实重。故能受读者欢迎与否,亦全由时机之关系耳。无论其事件如何津津有趣,设不与时机相适当,则不啻伏日抚炉,令人见之畏厌。日日所作之社说,其论议述作,亦宜与当日之新闻相关连。如日用常谈,必须有一种之新题目。

盖以新闻记事之揭载，原欲起世人几多之注意，故其揭载特别之记事，或有关系于新闻种类者，必须就其题目与世有关系，而后可以激动人心。盖新闻纸之于世人，亦如粟帛之不可离。如有时记历史之事实与过去之事件，或有出于范围以外者，亦不可不有适当之理由。申而言之，新闻纸之特别记事，总宜饶有趣旨。否则设〔失〕却新闻纸之性质，几如百科全书，不过陈言满纸而已，又何贵乎？故时机之观念，乃新闻纸不可稍缺之要素也。虽然，杂志之记事，则又不能立此严格。盖杂志与新闻，体例稍异也。

若特别记事，为社外人所记述者，通例揭载于余白之中，但此等社外之记者，虽寄投原稿于编辑部，如幸而有余白可以记载，则可以受领其报酬。纽约之普通新闻，则一段十弗（即二十元）。其次如属田舍间之新闻，则一段二弗（即四元）。虽其新闻纸有长短，活字有大小，报酬不能一格。殆总与地方通信者之及时寄书，报酬一例。至探访者之报酬，亦以记事之多少为定。故敏捷之探访者，一礼拜多则得二百元，少亦有二十元内外也。又特别记事之记者，屡亲执原稿，以寄送于新闻社，往往与新闻社有多少之关系。至外国新闻社，妇人投书者甚多。以其有知友在某新闻社，或为亲舂所嘱托者，以是而得入社也。然无论于新闻社有无关系，其入社亦必以三种方法为定。

第一，先访于新闻之主笔或司事人，示介绍书，以自述其希望。并将其从事于新闻必无差谬，而且有学识之趣旨，先为请求。此乃初来者普通之手段，亦欲置身新闻社者最拙劣之术。社中主笔或司事人，必托词社员充满无缺以拒绝之，或以婉词谢绝，嘱其俟社中员缺时，再为通知焉。

第二，思一、二有时会及有趣旨之问题，即为研究。且访于记者，以语其胸中所蓄之梗概。或取其中一、二问题，以请记者之阅览。此等举动，已较之第一策稍高矣。虽然，记者必托词谓现时无须社外之助力，或言纸上无余白可揭载云云以辞之，亦常事也。

第三，普通方法之最妙者，莫如先选一问题，尽心研究之。并将欲寄送新闻纸特别记事之文体，细加考察，而且以全力倾注之。如有新奇记事，或亲送、或邮寄，均无不可。若不幸不被采用，即可将其稿而寄于他之新闻社。

夫所持之荐书，或已所呈述，非无所信用。但其所信用者，只在欲入新闻社之希望与其运笔之力量而已。即记者所受领之特别记事，一览之下，即可定其若何位置。若社中既无余地，则又当别论也。

记者于其提出之特别记事，果能揭载于纸上与否，亦全视其记事之性质能适于记者之意，及文辞之优劣以为定。然如何始能知记者之所要，则可先吟味其新闻记事之性质，观察其记者之理想，并探取读者之嗜好如何。故欲抱操觚者之希望，而又会得此等之扼要，是正记者所心许也。夫特别记事者，必须精妙。盖新闻纸之特色即在此耳。初学者欲熟练为特别记事之记者，非无一跃而登之概，是在其平日所学如何耳。苟其文笔横扫千军者，辟易万人，自足刺人之脑，而读者必多。此亦苦志于新闻者之所为耳。至其寄书能揭载于新闻纸，则于竞争试验，自合格而得名誉赏酬矣。

缀新闻纸之特别记事，岂易易哉？然较之杂志之记事，则稍差矣。新闻之记事，不如杂志文章，必须细密考究。且须用特别论说记事之新闻，其数较杂志为多。而其特别之记事论说，不过如杂志中之短篇。而大略出五百字至一万字，而以三千字数为率。然其结构精密，揭载之新闻纸记事论说类，体裁长短，已与杂志中之记事论说各异。因其实质相违，故不能不如是耳。况新闻之论说，比于杂志之论说，稍为淡泊。且杂志之记事，须正确而精密；而新闻之记事，则只须轻妙简明也。由前之说，在教训而已；由后之说，取趣味而已。故新闻之记事论说，可以朝生而暮死；而杂志之记事论说，则比新闻之有继续不断之体裁也。

新闻报告种类之法则，又可用于新闻之特别记事，及缀著论说之中。惟出报后，宜以简明活动之部分，配置于前文，如讽刺滑稽之类是也。盖以最有益之材料，如过于庄严端正，则人每厌闻。如以讽刺滑稽行之，反易动听。若招人批评议论，则其所说，已侵入于社说之范围，未免与新闻相抵触，此又不可不注意也。

特别之记事论说，如何而始得美善之题目，是最初学者所难也。然可无虑。凡人之性情、道艺、制度、文物，世人所欲知者，原不在乎怪事奇闻，惟使其题目有兴味即可矣，况己所知者，世人知之者已多，玛磨莱氏有言：新闻纸者，世人尚有欲读之处。留待明日如能入此定义，则凡事皆可为题目矣。至于记事论说之题目，自当选择。己所得意者，世人无有不知好者。但其如何选择题目，必须有感于兴味。苟爱花鸟风月，而知其为最有趣味之事实，则就花鸟风月而择其题目可也。要之，无论何种记述，总以有趣旨为最佳。天象人事，无不如是。特别记事之好材料，只在人善自取之耳。一室之邑，必有芳草。苟能身处其地，与著名人物相酬酢，一语一动，皆可引世人注意之机。故或缀其人之履历逸事，或述其都会之历史。其他关于学校、医院之变故，及近邻口角之喧哗，一切种种有味之活剧，皆人世之现状也。若能以简洁轻妙之笔，描写如生，则世人之所乐观，而新闻社所欢迎也。岂特操觚者宜注意哉，稗史小说家之美，亦在是已。

寄新闻纸之记事，与探访者之记事者同，常例不书姓名。若其记事不为揭载而须返其原稿，则记载其姓名住处于原稿之初页，以附于邮局焉。又有投函用雅号者，即别号，不惟费无益之苦心，是亦文笔之末技也。与其用此无味之雅号，如何用本名之为愈。既揭载其事于新闻纸，又屡屡变更其笔名，原非许之得也。况仅欲以半管之笔，取崇名誉于区区名号，其势颇难，吾不解也。泰西操觚者，有用雅号笔名之习惯，于今日尚见流行，是亦新闻界应改良之一件也。

其寄送记事也，于第一页之初，不可不多留余白。盖使新闻社有订正原稿与记事标题之地也。而起稿者必无自附其标题于记事，然或于记事之上，而稍附二、三者，亦欲供原稿部之参考而已。如时时通信于新闻者，是乃一种之特别记事也。都会为人士荟萃之区，奇闻珍谈，所在必多。而通信者遂可借此搜集，以供特别记事之变体。而普通之特别记事，虽可与此同一规例，然其相异者，因题目范围之广及记述种类之多也。若欲特别通信，则以下之书简式为例：

拜启者：奉上特别通信一函。此乃关于某地方之时事，与寻常之投书稍异。即希贵社登诸报端。或揭全部，或节录片言，亦无不可。如不采用，即望从邮寄还为要。此具某日、某某函。

如有普通之记事论说，寄送于新闻社，则可用上所列之书简，盖即示以希望登载之意也。发行少数之新闻，屡屡附记寄书者之姓名，虽其记事论说，已经登诸报纸，而不与酬金者亦甚多。而发行多、力量大之新闻，则不如是。如其记事论说，无足登载，不必论。否则一经揭载，无不与以报酬，此定例也。然进而求之，寄书于新闻社者，不可不悟其所寄书，合于采用与否。夫今日有力之新闻，得材料之途极多。如电信通传社，及共同通信社，各有几多之熟练记者，自可供给美洲卓越之记事，而其价亦极廉。且各大新闻社，无论何地，皆置有特别通信者。每日由此等之手，注入于新闻者，已积如山岳。其材料之丰富，已可想见，而此外无数之无名学者，突试其寄书之技。其不被采用，更无足深怪，且亦不得不归之于异数也。此等之无名学者，欲揭载其文章于新闻纸，费时既多，经营不易。且希望为新闻学之记者，日增月累。由各地所注入之记事论文，日以千万计，皆欲博此文学之名。故投书家之艰苦，亦可谓大矣。然欲求博文学之誉于当世，舍是途而实无他策也。要之，生存竞争优胜劣败之原则，即新闻社会中，亦莫不循是而行。试观几千万亿之小文学家，其朝生而暮死者甚多。如能于文学界独树一帜者，其必有坚忍不拔之精神，而始克臻此。至寄书家之初心，务注意于世人所常知者，庶几无所大误。一事一物，凡有兴味者，人情莫不知感。然事物之感人，又各因人而异其趣。学术风景之兴味，其范围极狭隘。至于外国之旅行记事，加以极轻妙之笔，虽近于平庸，而似不足以动人之听闻。然较之详说其当日会议之模样与革命之旧话，其趣味亦实多也。盖以读者无不喜由旧说以倾耳于新闻，由过去以观现在故也。故爱读新闻者，其热心之处，在由现在以知未来。盖未来者，冥漠也、黑暗也、神秘也。人无不欲知渺冥之事，此人类公共性也。不然，卖卜家谈未来之运命，俗人何为迷惑之耶？有才俊之新闻记事，欲博功名于社会，必宜牢记此人类之弱点，以发将来重要事件之密兆。唐人诗云：山雨欲来风满楼。可知事变之起，而异兆先之。此新闻记者，不可无知机于未萌之眼识也。

关于公家所熟知之奇闻珍说，勿论何种新闻社，皆必争欲揭载者也。故不问男女，不论善恶，苟有关于人生之事业志想，虽为屑细之事，是亦新闻之好材料。而为人所欢迎。此乃新闻纸所最著之事，毋庸喋喋。凡读新闻者，由不知之人，而为已知之人，更多有兴味耳。如惨酷非道之事，亦可为一种良材料。然记者非好为此惨酷之言，以人类天性浑噩之感情，原在于有趣味也。人有致书于其友，凡友人之善恶，亦常常评议及之。是与新闻记者正同。如报告于读者，凡所已知之人，或有绍介于读者之功用，亦必报告之。盖以读新闻者，依其名而能熟知其性情者，亦不甚多，而此等人之事实，乃新闻记者所最热望，亦世人所乐闻者也。

送书翰于个人，不可不注意其人之所癖。而新闻记者之对公众者亦然。夫来函于姻亲与致书于友朋，其感情自相径庭。故新闻记者，当其记事论说也，当如作函之人，不立成见。要有投人所好之注意。是以新闻之感情及编辑之常识，无他技能，不过适合社会之心理而已。

新闻记者，欲使读者感其兴味，则凡惊愕震骇之记事，皆不可不记忆。至人所鄙厌者，又不可不知也。即有时事机所激，明知遭读者之嫌忌，而又不能不揭载者，亦可以平稳行之。故有经验之老成记者，每能解读者之所欲。盖读者失望，其新闻必零落。故为记者，必须注意其材料，及文学记事，以投读者之好也。然记者之案头，新闻种类，其积如山，皆不可不留意观察，而经营惨淡以出之也。

老练之记者，每一见记事论说，而即知所取舍，知所判断。或通读全体，抉择优劣；或反复把玩，摘录精华，皆所以欲得适当之材料也。凡一种新闻，如能增益趣味，焕发光彩，则其喜悦之情，无过于此。然记者之于新闻材料，所以不多采用记事论说者,非以其为无名之著作也,非以其揭载于新闻纸之不适当也,又非以反对于记者之意见也,惟以新闻之余白有限,且欲投读者之嗜好而已。故记者每于有益之寄稿,而不得不却之。其却之之痛苦,较作者之被返却,抱恨相同。今录某新闻记者之条规数则于下,而投书家亦当注意也。

一、寄书者送连篇累牍之文字,不如倾注其思想节缩短篇。盖新闻纸之材料非仅论文揭载已也。

二、寄书者以笔记述,不如以写字机录之。既可依易读之方法,又可省通读之烦。

三、寄书者如就历史之题案叙而述之,不如记录个人之新事件。盖新闻纸者重现在不重过去也。

四、寄书者所附之柬函,与其自为记事上之解释,不如一任新闻记者之判断。

五、寄书者,如其记事未被揭载,不可强求面会记者。盖以记者之在编辑室,烦忙实甚,无暇应对。若出室外,则非记者之责任矣。

吾观今世无数青年,皆抱有为新闻记者之愿。呜呼!卿等果何所赖,而欲为此新闻记者乎?窃恐无有与卿等以新奇独创之思想,并教感动精神之题目,示文笔之妙用也。纵具玛柯来记者之天才,若不由刻苦勉励,坚忍不拔,及阅历深沉者,犹恐不能磨练卿等之思想。而况欲以区区文笔,振才名于世界乎!

第二十一章　杂志及新闻文学者之注意

杂志之记事与新闻之记事，初观之虽似同其性质。若详考其性质与材料，则两者之间，实大相径庭焉。

第一，杂志之记事论文也，以文雅为尚，而且隽永之意味，且如书籍之有体例。新闻之记事论说，已蹈浮薄草率之弊。其记事也，朝生暮死，只期一日之趣味。若更精密而观其编辑，则两者之相异，益可见矣。

第二，日刊新闻之绝大进步，可令人惊其成功者，则莫如晚近二十年间，用印刷机器也。今日新闻社所用之机器，一时之间可得印刷六万纸。此等物质进步，实为新闻纸一大功臣。然杂志之特色，则异于是。印刷不必求速，而以美丽光明为主。故一时间，仅不过印制六百余纸耳。

第三，新闻、杂志之相异，不仅在印刷上也。新闻之材料，博杂而已；杂志之材料，则宜精练也。新闻者以几多之事揭载于一时。其编辑既速，必不免粗率之病。杂志则一社之内，聘用记者八、九人，或十余人。一月之间，凝神注意。选择材料、校对，也易精工。在有力之杂志社，每年乃委积数千或万余之记事论说，以备选择，而其中可记载于杂志者，仅不过二百内外。然新闻社总在收集记事之材料，始得餍读新闻者之意，而读杂志者之所喜，原非在材料之分量，而在材料之性质也。

第四，杂志最适当之记事，如揭载于日刊新闻，其报酬之数，必不能格外加多。而揭载于杂志，可较常数稍厚，盖各因其用也。然寄书于杂志者，原不计其报酬，实望播其文名耳。在无名之记者，更望因杂志以知名。故寄书于杂志者多，寄书于新闻者少。不独计其报酬之厚薄，亦因其成名有难易也。而杂志社反可因而利用之，以省其报酬之费。然总有名望之记者，寄书于杂志，其报酬不得减少，或且照常有加。盖得其享者，则杂志可增特色，兼恐为他杂志所招致也。如脱斯波里担之月刊杂志，发行人爵补利迷者，以小短诗歌而得金六百元，以绘画三纸而得金九百元是也。

第五、美丽之绘画，为发行杂志所不可缺。欧美之著名通俗杂志，每册绘画皆费巨款。但有力之政治论文杂志，于绘画之事，稍可减也。日本杂志，每册图画仅二、三页。而杂志之记事，小说之图解，其一切风景肖像，皆不可不绘入。惟绘画既流行，而画家之需要极多，而其报酬，亦与记者相等差。但记事虽不尽在绘画一门，而描写记事，则新闻也、杂志也，皆须以绘画而插入之。以是寄书家，欲寄书于杂志者，则从其记事之性质，而以略图或影片为添附焉。但新闻、杂志中为描写者，所应注意之事，即作画必用墨书之白纸，决不可用颜色。盖以新闻、杂志之绘画，只用墨与白耳。其原稿至少亦须较插入者大三分之一或倍之。因原画上刻时，或刻于铜版，或刻于铅版，虽不省其画势，其笔势不能不稍减也。近时之新闻、杂志，绘画之风行，而观者大为醒目。惟英国及欧洲大陆之新闻，则绘画较少。若夫美国新闻，则大新闻、小新闻，无不插画。夫插画，为美国新闻之特色。无论何种新闻，其新闻社，必延请著名之画家。盖美国新闻，皆以插画为不可缺之重要部门。绘画之良窳，即新闻之盛衰也。故各新闻纸于礼拜日之附录，以数十页之巨纸。凡可惊可愕可悲可喜之象，无不描写殆尽。千种万态，活动如生。盖由美国新闻，素重美术。故养成普通人民有美术思想之效。且其绘画也，不仅新闻重之，即妇女之间，亦无不非常欢迎。以是观之，则美国新闻所以冠于世界者，盖亦由于美术盛行之故也。然其美术，于新闻犹如斯，于杂志更可想见。杂志之须绘画，较新闻尤重。然最要者有发明之人，而新闻、杂志发明，插画者即继续而起。此后何种之新闻、杂志，莫不用阿鲁普脱之描写画。其机械之巧妙，亦有足惊者矣。

杂志之记事论文，其性质之大别有二：第一，关于事实。第二，关于想象。如描写、传记、论说以及他类记事论文之实事。或为议论，如叙述风俗及一切构作，则与新闻之特别记事，已大相差异矣。惟杂志所要之处，其记事须加一层之注意，以合稗史之法则。与新闻之记事论文，必叙述时事者有异。

短篇小说之流行，不仅日本，欧美各国，流行亦盛。无论何人，皆于短篇小说最易触发其心思。而小说为文学界最通行之物也。故精意之短篇小说，虽不能称为小说家，然由是而进，即为小说家之捷径。故短篇小说与长篇小说，其精神无甚异，且其材料同，构造同也。现日本所称之小说家，多为短篇小说。然如何而始可缀短篇小说，则必须历几多之苦志经营。今从美国最著名之短篇小说家阿连氏之论，而讲其方法焉。

短篇小说家之捷径，先研究地方人情之趋向，然后再括集一方之事业公论，与夫历史之口碑、风俗之习惯，合众多之材料，融贯精神。始再就其最重要之题目，扼要絜纲，以发挥其固有之癖性，全凭想象力装饰成之。则一篇之小说，其精神与特色毕露。一地方、一社会，如有特种奇异之人情风俗，亦可穷形尽相，自易惊醒世俗之睡梦矣。虽然，人情万变，怪怪奇奇，无所不有。如欲描写之，当从何处下手？此应就人情世道、阅历而体会之者也。盖人情世道，无论有无相异之处，亦不过以古昔形骸以新装束耳。

小说者，又宜有一种集锦之思想。于短篇小说之杰作，尤宜注意研究。而后于美术有所进功。是亦发扬聪明之一端也。至作小说家最重要之主眼，在描写人神。故无论何种小说，其中必有一种特质，使读者感起趣味，斯尽其能事。故小说中，无论为隐谋、为策略、为滑稽、为悲恨、为爱情、为教训，千种万态之人物，皆当穷尽写照。然小说家，常有明达其目前重大之目的，而反忘其所持之主眼者。但写其人之性格，并彼此性格之同异，又不可不淋漓尽致也。故作小说家，常于一举一动之间，皆宜研究，凡与寻常人往来酬酢间，而其人之言论，皆可就所闻见，特加一番之省察，不可轻易放过。苟能观察人性于精密，自然养成明敏锐达之眼光。但其作小说时，下笔之先，宜贯通其全体所缀之脚色。由何而冠首，至何而结尾，预有成竹在胸，而后布置得宜，起伏穿插，无累赘重复之弊。且作者于执笔时，俨如身处其中，亲近其人物。则其人物之自然与性格，自能跃跃纸上，而描绘如生，使读者感动，亦不啻亲近其物也。夫所谓小说感情者，为作者最贵重之处。如率真之文学，最易生发人之感情。设作小说而无感情，则由其思想力，不能充富。如是而欲为小说作者，而从事于新闻业，终有缺点。盖新闻所最贵重之事实，在搜集宏富。既以此为主眼，故求思想之圆满发达，而于寓言戏曲之事，皆不能不练习也。是以小说家者，原不仅观察诗论而已。如其人之性格，只可感幽独，而不能感众人，是即所谓以抽象为想象也。而其与新闻记者，则全相反对。然新闻记者所最贵重者，即认识其人格，是亦作小说者所不可缺之才也。且小说作家，所不可不务者，即以余闲搜集材料，并洞察文学之风潮而不后于时势。且于杂志之特性，亦宜知其旨趣。故欲为小说家者，不可不另具一幅之观察眼光与写作之手腕，及节裁选择之伎俩，而后能描写其性格。加以斯打伊鲁之文体（即小说文体），尤当苦心以为揣摩。美国评论报社之主笔斯德脱氏曰：非达文体之精华，决不能发扬其名声；无潜考之苦心，亦不能挥张文体之精华。真可谓至言也。士德补梭亦云：欲以文学得名者，必须揣摩简练之功。一字一句间，必使滋味愈深，而后可使读者见其经营之苦迹。假令有苛玛莱之文藻，而无其经营之苦心，又焉能得大名于天下乎？前数年间，最知名之某新闻记者伯山脱氏，谓操觚者欲使希望者之服膺，必须有一种规则而后可以公诸世，而为后学者之所注意也。今略述其规则如下：

一、宜日习独创记事之体裁。

二、宜修养观察之习惯。

三、宜立一定限之时间，动静皆合规则。

四、不读无益之书。

五、文体之间，宜注意一定之体裁。

六、俳优之文体，宜努力试为之。

七、俳优文体之方法，皆宜熟练选择。

八、描写人物性格，当宜出于自然。

九、勿论生业之如何，如不能熟知，决不可描写。

十、宜广就男女之性格而研究之。

十一、欲求美善真性之文体，不可不熟达文字之使用。

而诗歌一门，亦须注意为之。

　　以上十一则，乃伯山脱氏所示之要则，学文者所服膺者也。氏尝为文学热心家，就文体之事而告之曰：能独创而成一家言，不知费几许之岁月与苦心矣。然苟能坚忍不屈从事于此，而无日月之间断；又取文学大家之杰作，熟读而玩味之。则为沙嘉来氏可也，为斯苟脱氏可也，为阿季梭氏可也，为迷鲁玛氏可也。天下无难事，惟在人之自遣，自能发明。

　　伯山脱氏所述文家之要则中，谓不限男女，凡人类社会有活动之状态者，原不限为文学者之材料，而长与人以无限之兴味。古昔时代，见寓言诙谐，鬼神物语则欢迎。然此迷信时代既已经过，欲合近今之人民思想，当取世俗之事，微密言之，乃可感人。如仍与以昔人所悦之神话、怪兽谈、幽灵物语，必不足以动其耳目。盖以世俗之大多数，所欲倾听者，半在人世上真说。故文学者，或写人情于理想之中，或描人情于丑劣之际，是乃出于文学者之所嗜，为实写文学派。但实写主义，为近今世俗皆欢迎之。惟文学界之风潮，日涨日高。能持实写法于久否，虽难预定。要之，操觚者，如欲求其材料，不可不于亿万人类生业相关之中，切实求之。夫荒漠者，北洋之水原；郁苍者，热带之森林，其他宇宙间之光景风物，虽觉可惊可怪；然于人类之生业不相关连，则适成为无旨味、无精神，寂寞而死去也耳，又何能与天地人类相消长哉？故稗史小说者，皆以人类世界之现象，出之以美妙之言论。如小说之杰作，其行文也，原非干燥无味，点缀敷衍，以为散文而已，必须活动如生。是以写真者，能写万象之形骸表面，而终无补于精神，所谓画龙画虎难画骨也。至于美术则不然，小说亦如是也。夫小说者，其中所叙述之事实，或借历史之为演绎，或借理论为评论，语之有彩色。进而言之，小说者乃翻译实事之散文。有文学有想象力，而后可以详述，此实在之情况，今设一例以明之。假如日昨某时，有一丽人，年二十许。鬈发散乱，驰往市衢，仓皇实甚。至晚间投身于川隅中。幸水上警查舟救之。生息微微，少顷复苏。探其怀中，有手函一通，乃其遗书也。

此等事实，亦寻常事耳。虽然，若此单纯之事实，以富赡之想象，演述此狂女投身悲剧之状。并由其遗书，以推测其女年生涯浮沉之历史，与其如何狂乱之理由。绎述所存，宛如缀著一可歌可泣可怒之小说，则其动人也可知矣。故作小说者，常宜注意于一切之活剧光景，更不可不学以想象作用之能力。至文词之活动，则为小说上必不可缺之原料。故小说家者，必学演剧状态，无异戏曲家也。

夫作小说，于此突飞之时代，非写活动社会之情态，必不能投人嗜好。虽然，必有雅丽之事，以相配合。行之虽难，自在妙手之小说家矣。盖以小说家，以想象为贵，以感情为主。如思想不羁之人，虽不得以一定之规则为束缚。然在现时之小说家，可注意者，如小说中之物语，苟不与以改良进步，则叙述一切之记事必无情无绪也。例如以比克脱鲁之悲惨，插入于迷奢蒲禄之中，如又以《马琴之事迹》（日本小说名），插入于八犬之传，则必不为读者所欢迎。要之，于文学界，宜以时代为精神。无论如何坚苦，总以勿招读者之嫌恶为主。是小说家当下笔之先，又不可不注意者也。

掺〔操〕觚者当选择其记事题目。最要者即在感动读者，而关于人类之感情是也。如山水风景之记事，毕竟人情常谈，而不足以醒读者之目。登富士之山（日本第一山名）而描写落日之景象，此即为雅丽之记事。然与记盗贼情死之卑近鄙词，同一俗不足道之语言耳。夫人类者，为一合集之动物，发明久矣。然同类人民，欲观情观其言可知矣，试观群众往来之道路，如有一人蹶死其侧，或有拐带之事变，则通衢皆顷如蜂集矣。他如诽谤之言，或有伤名誉之事，不旋踵而其空谈浮说，即传播于人间。是以日本多以三面记事，以为维持读者之计，又互相攻讦，谤之如雨；或公私之阴事，以为得意，于此不可见一斑乎？若夫善善恶恶，乃第二之问题。总之，人类之性情，千种万别，顷刻即更，岂非小说家最宜注意之事实乎？无论斯宾塞之书，即为人所爱读，然总不如读新闻说者之多。故人可不游苏格拉底、布拉脱之门，而无不出入于悲欢活剧之场。即其观剧之客，有时不足，然较之读孔释之经典，其感动者必多。即有不爱读梭拉之人情小说者，是亦非性情之贱陋邪恶。然人类之好奇心与喜异心，亦因此可见矣。是小说者，此于人类所以有非常之势力也。故记者由始至终，宜常认取大有趣味之事实，始可有成。否则不能应用其势力，则其效亦难期也。

　　大家之名文杰作，宜就其目的而加以练习，由是遂可得修练文词之良法。然摹仿名文杰作，最易蹈剽窃之弊。惟条分缕析之，以求其宗旨所归，而不容轻易看过。由此遂可发见，其势力之□□□文章□□陈得矣。

　　至如何而可博世俗之好，此等问题，解释之也难。然论及投众嗜之材料，则亦易耳。如专心致学之士，阅人既多。无论贵贱老幼，而警奇之语，有味之言，时时涵泳于胸中，或记载之于备忘录，而后新奇之思想以发。酝酿既久，遂可借为他日之用。如是则有时以是等之材料，而益以富赡之思想。其发为小说也，必艳丽晶莹，如火如荼，如花如玉，其灿烂也可知。然是等材料，乃人类生活之模范，故可惹起读者之感情，无庸疑也。文学家，每日精选材料，搜集珍奇。

故其成文也，楼阁玲珑，炫人耳目，亦与此类耳。

今日之小说，如谓之为物语，宁可谓之为写生。盖以写生与人物之性格，而缀以物语。作者于此原不欲示笔墨之痕迹，评定人物之性格。为义人也，为劣汉，皆读者之公见公断，而不欲仅听作者一人之说。是伯山脱氏所谓记人物之性格，而不可批评其善恶之意也。夫小说非修身之书，非教门之书。如预定一劝善惩恶之的，而叙述其人之性格，极其技终不过催读者之厌倦而已。故先定善恶之品评，乃最拙劣之事。盖以小说者，当使公家各为论断，不可以私议惑也。

描写小说中人物之性格，当恰如与其人相交际，而次第知其性格，始不失自然。若劈头序事，于其人物性格之善恶邪正，即从作者之口，明白道出，则文不含蓄，索然寡味。盖以读者之所望，欲渐次而知其人物之举动。故作者于此，原无庸于人物之性格，妄下一语。只宜就其性格，更益以精妙之笔，于其男女之言语举动，自然描写，则其人物自能跃然纸上。即其人物出于寻常之模范，而欲读者知其实在。或欲与其未知之人相应接，或由他人之介绍，总不能不就其人之性格，付以合宜之判断。然或由其友，或由其反对之人，就其人之性格，而加以批评。渐而深知其底蕴，最后则对于其人，遂生好恶之念矣。故作小说者，欲将其小说中人物之性格以示与读者，亦不可不如斯，此自然之道也。要之，作小说不可忘却，有三要：第一，作者宜于叙述中缀以感动之词；第二，作者宜抉其最要者而叙述之；第三，作者宜陈明作其叙述之意，夫喷激之水，其原浅者，必不能升高。小说之家，其所叙述人物之性格，非胸中发动感激伟大者，必不能描写其真。故小说家，欲使读者可歌可泣、可怒可悦、可悲可喜、可忧可怜、可感激零涕、可爱玩而不忍释手者，则先不可不具一同样之感情。盖以人心皆同，感触原无异也。如描恶劣之人，则宜知恶劣人之心肠，俨如置身其中，而后恶劣人之罪恶乃见。否则作者所叙描之恶劣人，平平庸庸，如猫如鼠，使读者亦难猝辨其为人。是作者之意，尚未到也。尝读曲亭马琴一书，其中□□□□□□夜□一婢女，叙其沉思默想，苦闷久之，已忘却煮茶给女之事，忽而霹雳一声，谓今宵必当缢杀婢女云云。声色并壮，举动逼真。傍有一婢，颜色如土。忽强问其事，故婢始实吐云云。观此则知马琴一书，作者实得小说之神髓，毋怪其文名压倒一时也。

第二十二章　匿名寄书

　　新闻纸之寄书门类，读者可以任意寄稿。如有趣旨有价值者，时而别为一门。盖以此为发表公共舆论惟一之机会也。如公会演说或政治之行动，于社会思潮之趋势，得深切窥取之便。故能知此责任之人，遇有论时事者，不选择其事件之如何，而于有公正思想之寄书家，可以大加奖励。盖此一门类，原欲使各言怀抱而无隐也。欧美诸邦，不问其为当道之政治家、为在野之名士、为军人、为实业家、为文学者，皆可径寄书于新闻杂志。而新闻杂志社，即以此为荣。为寄书家者，亦以此为与社会直接之用。故社会之公论，群集注于新闻纸，而社会之反动力，亦从此大起。且新闻社，既能利用此机关，则与社会之总方面，日相接近。不仅有翱翔政治界之势力，亦于可社会之生业，而以公平挚实，发表其感情。故奖励寄书，新闻家所宜用心者也。凡揭载来函一门，录匿名而秘本名者，亦自然之理。如其来函，有重大意义，对于团体或其个人，因此而招议；一经告发，必须明布其本名。日本因言论之自由，遂大加放纵，以骂人为取快。然不知其伤一己之品性，固已多矣。此不外无认言之道德故也。欧美诸国，其言论虽自由，然对于个人及社会之全体，则切戒放纵之诽议。故其为社主者，每令主笔者循谨严正，无愤世疾俗之言。故匿名寄书，当加以严密之注意也。

时而有此一团体，对于他之团体，如有激烈论难，互张旗鼓之处，则匿名寄稿，亦时可揭载，但此之论战，宜互疏通误解，扫除恶语，而以公无私之见解，执两用中，而后公理乃见。匿名者虽有意宣战，亦直可导以和解也。故主笔记者于此，宜常以不偏不颇之观察，细心以调停其偏执之私见，方为胜任。盖各种之阶级中，其匿名批评之最要者，莫过于工业之问题也。凡佣主与劳动者互相冲突之际，则工业界一时沸腾。而为佣主者，必以非难劳动者之事，委托于主笔记者，至书简必频频而来。至此则不问何等之商业，其小商人等对于大资本家，必嚣嚣鸣不平之声。竞争之各团体，亦必持其各项之事情，请求揭载于新闻之中，以为绍介于社会之举。如是则以其团体之书记，或代表之名，纷纷投函，其匿名者必多。其竞争政策，如有不得团体之赞成，而抗议者遂欲发表其反对意见，以布之人间，于时则持以匿名为要。主笔记者于此正宜以公平融和，互相调停，以期实际之效果。如有不合格之函书，记者可加以删削，而为读者所欢迎也。尝见都域之地，其于宗教、社会、政治，原不问其题目之如何，而争论一起，社会人心之激昂随之。故关于此等之寄书者常多。然党派之主义感触，论难攻击，每不注意，即使充其激越之感情，亦不过欲以匿名，而一抒其抱负。故主笔记者于此时其暂时之狂热，不可不以冷静视之。时有友朋寄函，欲达其攻击之目的，而卑劣不堪。宁任其失望，不可率为登载，此不必踌躇者耳。盖新闻记者之名誉职责，对于社会，一以忠实为主义。始能标正论清议于一世。若主张无定，议论纷歧，则社会又何用此为耳目哉？

第二十三章 诽谤之言论

欧美新闻，凡主笔记者，其监督社内极严最要者，为涉于诽谤之言论。英国之现时行法，于新闻业极受困缚。因近时之新闻记者，放言横议，轻易凌人，有伤个人之生业也。其对于反对者或个人之仇念，误报阴私，以为媒孽。污人既不浅，自污亦深，此法律所以严加制裁者也。故新闻记者记事，偶不注意，使人感毁名誉之痛苦，尚不能释其罪，况出于有心者乎。

虽然，如官报或电信误传，污人名誉，则只认其为误传。至于新闻社，原无恶意，而本人欲恢复名誉，致诉法庭。则新闻社，必被数百镑之罚，此不得不谓之太酷。他如揭载公会之演说或书函，记者原无毁伤演说书函之意，然不虞即黏其人之怒，亦常有要求其赔偿者，此新闻社之甚不易作也。时而为社会公共之利害，暴露某某之阴私，以示公众，或待新闻纸之言议，以伸宿笔者。则执笔者，常因此而受庇护评告之咎，即付之法庭审问者有之。

新闻记者之于法庭，多受偏颇之判决。其故有二焉：第一，则判官待新闻纸之主人，持之必刻。如有一种记事，既蒙损害，则对于辨诉之原告，必使新闻记者费多数之偿。第二，由审问之记事，见新闻之案件，必唤起注意，使之所得不补所失。由第二而论，则不问其所主之原由，而凡被告者为新闻业，则立于社会，立于法庭，殆在孤立之地位。其同业者非不欲为之应援，然即其印刷一门，已形忙乱；经营他事，更不暇给，遑顾及同业之如何耳。盖以各新闻社，既彼此极力相竞争，而本社无端被累，旷功费日。虽执法者亦知其苦，况能持平判断。然被告之新闻社，已饱受冷嘲暗诮矣。英国新闻纸，笔锋猛大，凌践一切。义气所激，往往倾筐倒箧而发，大有笔尖横扫五千人之势。至对于同业者，则义气耿耿，如有不当之要求，必互相联络，不稍变常态，即有时对习惯之不文法律，亦不得以诽讥为改正，故暴露之险恶，直以公共之势力长相检束。故其近今之新闻记者，每于议论报告之际，如有起诉讼及不利益之记事，一语一节，皆抹杀不录，盖恐因此而罹祸也。

第二十四章　新闻记者之报酬

　　新闻事业之报酬，原不能立一定之标准，然亦有通则焉。在事业繁昌之地，自应多与，而其待新闻记者之道亦愈厚。但新闻社之后起者，则其报酬较旧有之新闻社必加厚，借资奖励。然近来经济日涨，新闻记者之报酬，无论新旧，亦次第增加，其因新闻社继起者多，故报酬亦随之加长。然于定额以外，而欲得有利益者，今较昔年为稀。盖以速记法之传播，未有如今日之盛。故其通信员能利用此技，即可得种种之利益也，然能速记术者既多，则专任之书记也、干事也，皆能当其事务。故其范围，由渐缩小，此亦自然之势也。

　　前章所述，则昔之通信者，于其本业之外，尝与他新闻有关系，以为补足经费之计。是其于定额以外，所得亦不为少。然以一人之手，而兼与多数之新闻社相通信，则各社之记事未免有雷同之弊。夫各社原以新奇相竞争，记事使出于一人之手，彼既无暇选择，而真付印刷。设使与反对之新闻，而发现同一之记事，则又何用此通信员？由此新闻社遂各立一规则，以限制此等通信员之利益焉。

　　英国之通信员，其报酬初则一礼拜一镑金，常例也。而旬刊新闻，则一礼拜由三十先令乃至二镑。然如此价廉足以安佣主之本心耶？亦因其不能长留此职故也。至地或新闻社之探访员，年俸自百二十镑至四百镑，而他之社员以等级为差。自百五十镑、百八十镑、二百镑，至多则三百镑、四百镑而已。如由探访部员所升进之少年编辑事务记者，往往自百五十镑以上，逐渐增加。老辈之记者，时有四五百镑。至副主笔记者及论说记者，更无论也。此外如探访员、编辑事务记者，皆以其余暇著书，以为贴补之助。故在勤劳之记者，见其收入，增高地方新闻之主笔记者，有得至千镑者。若夫伦敦则更勿论也。于是可见报酬之多少原无一定。但千镑之多，在英国已为达最高级，此外则大率少于此数者矣。

美国新闻记者之报酬，较英为多。以平均之法算之，则美国之探访记者，其酬金则一礼拜可得廿一、二弗之谱。其为校勘者，平均则自廿五弗至三十弗。编辑记者平均自三十弗至四十弗，论文记者平均自四十弗至五十弗，市内记者亦略与此同。理事者，一礼拜由五十弗至七十五弗。若夫新克约之大新闻则倍之。共同通信者之理事，每年所得总在一万五千弗之谱。如苛孤黎路氏之为《新约克》、《阿露脱》理事者，一年则得俸给一万五千弗。济约季他那氏，其职相同，而又得二万弗之多。其他如荔孤氏、柏布阿士氏，或得一万五千弗，或得一万二千弗，亦不能一定也。

然能得一万或一万五千弗报酬之新闻记者，在美国发行三万有余之新闻杂志中，亦不过十余人。故立于新闻社会，有欲得巨万报酬，极一世骄奢之希望者，虽无数之操觚者，年年入此社会，然终属诸空想。十数年来不能进步，依然故我者，亦比比也。如在今日新约克府之新闻，一礼拜中平均不过念五弗。而无用之新闻记者，尚有三（疑漏一字——录者）余名之多。其中一礼拜能得百弗以上之报酬者，仅四、五十名耳。

总之，新闻乃一种高尚之职业，故有不计报酬之如何，而欲从事于此者。如专为衣食始入此社会,而欲得多数报酬之希望者,恐终归之于水泡幻影而已。盖以有为之青年,有抱毕生从事于文学之热心,则此之事业比于其他文学,有自然之进步。故能得志于此业,则其收效之机,亦可必矣。

第二十五章　职业之新闻记者

　　如前所述，则美国之大新闻，于其主笔乃理事记者，虽与以莫大之报酬，然尚有不充足也。夫报酬之多少，宜核记者之资格。且新闻事业，既较其他种职业多须重大之脑力才能；而编辑及探访之职务，亦变幻出没，不可究诘，是其用想象之力亦愈大。如是则其劳力既无限，而其报酬又不充足，终未见为得当也。然就所费报酬之大小，以论职业，亦不能定新闻事业之真价。盖新闻事业之价值，总以新闻事业之劳力为等差。故其内情应精心观察，如有才干有学识者，于全社有无数之便宜，而新闻记者之价值，亦于是乎定。此亦一原因也。至新闻记者之职业，或以其有几许之功效，或以其非职工之事，又或谓新闻事业者，为一种之商贾。议论纷纭，莫能一定，究之新闻事业，总为一有高尚知识之事，是不得不谓之为一种异样职业也。试观颂师也、医师也，必须教授法律医药特种之学术，或由大学与专门学校积年研究，而得有卒业证书，及确实之成绩文凭，而后可就其职业。若不经国家许可，任便开设医业，则其危公共之卫生，而罚以应得之罪。如于法律，而不娴熟专门律例、法庭利弊，则不许其出入法庭。此其例也。其他从事于各种之职业，皆须经一定之考验，否则终不能从事。独怪乎为新闻记者之人，其对于国家，不问其学识之优劣与经营新闻工夫，而终不设一定之限制。他如造社会之舆论，则议论自由；经营国家之事件，评议任意。此外，弹学术、社会、宗教，毁之亦能弹刻无遗。是最有责任之人，而国家亦不为之定一限制者何也？夫为新闻事业者，既不出人类职业之范围，其对于社会国家，大有几多损害之势力。国家对此职业，正须立一道德精神之标准，并授以证书，而后可日就范围。盖以其有拥护社会国家，评论政治法律之权。故为新闻记者，正不可无新闻博士之地位也。况世之新闻事业，应立专门教育之学问，无容疑矣。如无专门之业，不得身列其中。至实际之新闻记者，其受有专门学者，亦逐渐加多。而当世最有名声，且最有词藻之新闻记者，多未经入大学之专门教育，此亦不可解者也。夫新闻记者之职业，不独于社会有最强势力，即其才能知识之发达，亦较他种之职业为多。至其报酬，虽较律师医士有所不及；然既无定则，实不足以定新闻记者之功效也。

或有品行正直，智识高超之士，而欲入新闻社者；或欲博取功名，以显一己之才能而入新闻社者。虽有力新闻者之主笔或理事者，依其俸给，果足为子孙之计者有几人？况不能酬其才能乎？以彼等之才能而事他种事业，无不相宜。然有学有识之青年，云集蚁附，以从事于新闻业者果何故乎？实以新闻事业前途，为最有希望者，即政治是也。故政治者，乃新闻记者之役也。何则？新闻记者，经营职业，议论国政之方针及行动，而表明其反对与赞成之意。记者于其方针行动，既评定其是非，必网罗政界之党派，附合为一致。若一朝记者所抒之意见，与政党相符合，而得有势力以掌握其政权，与实行其记者之意见时，而后可见新闻记者正当之理由。是以新闻记者，必须广有政治之知识，而精通其政体之理论与运用。如欲成效之昭然，更宜研究时事，以明政党之消息。

故记者能由多年之实验观察，以解得政治之枢要，则即可以此阅历知识，供政府之用。但就此则失彼，亦无所分别。况政治与新闻事业者，乃并行而不相悖者也。盖以政治之事，如谓有教育有文藻之士，而无实际之工夫，则恰如运用政治委之于无学无识之人。使与有修养教化之民相触突，无以异也。又谓有评议国是、指导政治、判定舆论之势力者，亦不可以就公职。是恰如有大势力之政党可以议定政务、发挥舆论，而不可委任以制定法律、布立宪法之职务者也。概而言之，新闻记者，欲从事于他种职业，最为适宜。盖吾人举政治及立法之事，全然信为法律家所分领，而非为新闻记者所固有也。然以法律事务糊口者，又不知国家专制创法之非。若新闻记者，于国家之政务，不能正当持议，则自然不得就于公职。设新闻记者既依其经验，依其教育，依其修养，而能较他之政治家，有适当之资格者，则自臣尽其鞠躬尽瘁之义务。虽然，新闻记者如于实际政党，而有所措施分布，必须大胆以赴之，细心以考察之，否则鲜有济也。如是则新闻事业者，有志于天下之政治，真可谓白衣宰相矣。

新闻记者，于各国之政治，有拔群之势力者，以法国之新闻为最。盖以法为共和之国，其新闻记者之职业，皆确定有国政及外交之责任。故自法国革命以迄今日，凡雄飞于政治界而为法国之大政治家，其初步无不由为新闻记者，如□□、如克梭、如康巴达。法国政界之巨人，即法国最著名之新闻记者也，于此可见。

考英国古今之政界，凡著名之政治家，其不由新闻记者所升进者殆稀。如播利古、梭罗克、瓦露波鲁，皆英国历代最著名之政治家。考其登进之阶，无不由新闻记者而来。如所谓惊骇于波露克加第四种族之势力者，正以此也。其他欧洲大陆，如见为大政治家，而其经历甚多者，亦以新闻记者居大半也。

美国之新闻记者，亦于政治有莫大之势力。近二十年间，新闻记者之就官职，亦逐渐增多。在大统领阿利松之世，多收录著名有才干之新闻记者，置之政府。又玛克赖大统领，尽力拔擢新闻记者，故谓之为玛克赖之选举运动也。至阿利松之秘书官阿黎播鲁拖氏，乃《英特阿那波新闻》之理事者，以其才气纵横，有操纵政党之巧，故命其为英特阿那州之派遣员，而以全力倾注之。且阿利松大统领，知某新闻记者之贤，而擢为美国驻英伦敦总领事之位，其信任可想见矣。故玛克赖为大统领无几时，而新闻记者之为行政、外交、司法、领事者甚多。兹举其一二，亦可见当日之趋向矣：

递信大臣：斯米士氏。递信第一次官：伯斯氏。递信第二次官：补里斯乌氏。大藏次官：板打利补氏。造币〔币〕长官：罗巴脱氏。机密局长：威鲁克氏。纽约评价官：阿苦慢氏。巴黎总领事：俄德氏。补拉济卢公使：伯济普拉阿氏。利巴青鲁领事：播侬鲁氏。苦拉斯俄领事：布赖迷孤氏。阿路领事：斯米士氏。

圣彼得堡总领事：波罗鲁威氏。意国加打尼加领事：兹拉脱氏。波我达全权公使：阿脱氏。德国佛拉苦播路脱总领事：玛梭氏。伯奈机犹拉公使：鲁迷士氏。巴拿领事：麻济犹士氏。德国马苦颠补鲁领士：得犹黎济氏。加拿大磨脱利路府总领事：比特堪氏。法国波鲁多领事：系洛克氏。国务大臣：约拜氏。递信省会计检查长：加士鲁氏。巴黎大博览会特派事务长官：巴德氏。英国女王六十年大祭派遣大使及美西媾和全权：赖依脱氏。

以上乃大统领玛克赖在位时所任命之新闻记者。然不过仅就记忆所及者列而记之。其他稍次之新闻记者，或为各地之邮便局长，尚难更仆以数。即以递信官一部记之，已有三千人至五千人之多。此外就第二、三等之职者，闻新闻记者已占其大半云。其中有廿余年从事于新闻事业，今则为递信官某氏者，常语人曰：人欲显达头角者，惟新闻记者之职业最为捷径。诚哉斯言！今日美国之上下两议院，试考其中著名人士之历史，皆曾为新闻记者，外是者益鲜。常有人调查其实际工夫，凡由新闻记者之政治家，其成效较由他之职业登进者为多。即征之历史，凡政治家中之敏捷明决，而最能操势力于政界者，不得不以新闻记者为最多。由此观之，则新闻记者之为政治家，其成效可见矣。然新闻记者于政治之成效，不仅中央之政界为然，即地方之政界，而新闻记者亦得握其权。

夫新闻事业，乃文人学士一种有趣味之商业也。故经营新闻之业，不可不以会计为极重。而新闻经济者，则与新闻文学者，颇难两立。如有才干有知识之新闻记者，以运用其才识于新闻商业部，亦不见难。然常有谓记者及探访者，欠缺新闻经营之才，其言亦不可不信。夫新闻记者，交游最广，凡制造家、工业家、贵绅富贾，无不交相结纳。故其地位最不易得。苟能利用之，则新闻营业，可以扩张；新闻经济，可以进步，自能刮目而待。至大新闻社，多依其分业之组织为定，原以记者及探访者，欠缺营业会计之才耳。如地方之新闻记者即可为营业理事，而理事者即可为记者。故地方之新闻记者，既执笔为文，又司理各种出入，与扩张之营业者颇多。是等记者中，既为新闻之会计，又为新闻之理事，则其需才不少。可知文学之士与办事之才，亦实非不能两立者也。

然以近时之趋向观之，则新闻事业，于会计颇有莫大之势力。而执笔之士，俨见为新闻发行之奴隶，亦可叹也。夫新闻记者终日撰著，笔砚困人，宛如文字之佣。惟彼立于社会则昂然在表面，此乃有修养之士，亦属大有权利之人矣。不然，则徒以舞弄文词为了事，是乃一种之新闻奴仆，既无趣味，复鲜活力，真所谓一文不值者。而博学多能，与抱有经世才之士，又何肯纳身于其间乎？要之，怀抱不凡，而又能以文笔高天下者，其所以入新闻事业之门，不过思发挥其一种理想之故，原非为此区区金钱计也。不然，以其才其学，勿论操何业，获利必较新闻记者为多，而人又何乐为此耶？盖以新闻之职业活动范围，于政治有几多之成效。惩恶扬善，摘讹锄奸，势力既大，报偿亦从之而多。故天下人类之生业，无有匹敌于新闻者，正以此也。

第二十六章　公人之新闻记者

近今新闻事业，几成生存社会之一大势力矣。新闻记者，既以其社为一己之舞台，则回黄转绿，绰有余裕。虽然新闻记者，非国会府令之员也，非公共之监督也。以通常之意义论之，所谓社会之公人非耶？其言论自由，莫能羁束。社会以之为耳目，而不能稍损伤其势力。制政府，而身在政府以外；制议会，而身在议会以外。以其最可恐怖之势力，而立于社会之中。社会皆以其言论为定，是非社会之公人而何？

新闻记者之意见及举动，因不可不出于政党之上。纸面所揭载，不偏倚一党，不调和两党，其言论在主持清议也耳。盖与大政党互相交涉，时相提携，亦自然之顺序也。如有一偏向之论，则与反对派既生冲突，复于社会政治之注意，则经营上多一阻碍。故与政党有关系之新闻纸，其平日所主张者，宜以忠实为要。而有抱恨私议之人，而对此精确平正之语，亦应无闲言。此种举动，原欲博信用与人，而更可使两党派之人，皆对此而无恨。从此不仅树立势力于社会，即于发行，亦可无虞矣。

反是者，则地方之有志家，欲有所为于社会，而其新闻之势力，日就偏颇，则其势必渐渐落于党人之间。虽其中或有受政党之保护者，而于其政党，未免有不审美恶，妄从妄听之弊。盖以新闻社滥用其利器，虽于政治界收最好之益。

然其势力,既逸出新闻业之范围,则新闻记者不独误其职任,恐由此而渐入危机也。是以新闻记者,如得与政界之人秘密亲交,则所利良多。惟其干与之界限,必宜有所区别。否则只图报酬,未免举新闻全体之利益,以供政治之驱使。须知政治界中,几如种花朝荣,零落最易,故一旦失势,新闻之名誉顿失矣。

、近日由新闻业而转入于政治界,或以新闻社之关系,为一己政治之运动。故其所举动,皆与其新闻之所需,无甚相违。然新闻记者,如欲收效绩于政治,而保其适宜之地位,则新闻记者与政治家之职任,亦不可不明定界限。至如何而后能全其职任,则记者必当鞠躬尽瘁于此,以保有其人极;并举其强毅之力,而不阿附党人。然不仅交涉如是也,即交涉以外之事体,如有关于责任者,则可于政治梦乱之际,排其党议。有误于大局者,并得自由评论之。若仅关于政治,则不必干预,专事其自由运动可也。故新闻业者,不得由人之私见,妄议政党。须自加检束,始能保其新闻之独立。是以老练诚实之新闻记者,不希望乎名誉,不推移于他人,惟以出一己之意见,独断独行斯可矣。

新闻记者,乃社会之公人。其真正职业,实在代议院政府以外。然以其有据社会上流之势力与笔锋,大可惊恐。一跃之间,即可飞入政治界也。如其不合政党之意见,不能保守其地位,因而新闻记者,为所诱惑。试观千百新闻记者中,求能昂然阔步于政治家之外,完其节操者能有几人哉?是欲入政治界者,果皆以新闻记者为捷径、为阶梯,亦无足怪。虽然,此变例也。新闻记者,本有政治家之天职,安可自弃其天职哉!

第二十七章　近世新闻之发达及特性

近代新闻纸之发达，实有令人可惊者。英国新闻之总数，较三十年前，已达二倍以上。然有名新闻纸之多数，其发行之额，与其经费所入，尤不止二倍以上也。千八百六十四年，只一片（即值一辨士）之新闻，较之今日半片之新闻，其量为小。盖以当时之通信机关尚未发达。即所谓最近新报，仅纸面之一隅，而又不过揭载少数之电报记事而已，自电信机关完成以来，新闻业大为进步。至于今日，如有报到迟一日者，即失新闻纸之资格，此可见竞争之加烈矣。

三十年前，地方通信者尚少。编辑员每填凑纸面，而难得适当充足之材料。如地方之新闻记者，观其当时编辑之准备布置，若午后，或日夕，遇有重要之事件，终在伦敦新闻以后。是以中央首都之新闻记者，殷勤网罗，材料丰富。不仅演说外报，及一切之行情，即纸面之编辑排置，已觉有效颦之感。盖以此时之地方探访者，或由通信者之发送新闻记事，为邮便局所迁延，是以到时印刷已早停息。竞争最烈之新闻社员，如以此为娱乐之场，则必忘其时间之迫切，时有淹留。则凡军国要件，与一切杂志新闻，纷至沓来。纸卷堆积，条理全无，必赖静心校阅。时间既过，付于印刷，必更迟延。每至翌朝，始行揭载。故每苦落人之后，使读者而有明日黄花之恨焉。

近时编辑记者，其纸幅较三十年前，已加二倍。如前时材料搜集之困难，今则梦想亦未及此也。是乃由通信机关之发达，汇集世界记事于一夜间。此实由电信也、邮便也、铁道也，亦敏活通信记者之妙笔也。故今日此等丰富之记事，堆案盈几，已不复如往时拾人唾余，录古昔之陈言矣。是以近世新闻记者之职务，排列世界记事，一夕之间，即可公之于世。而报告中所总括重要之记事，一段一落，亦属不苟。即其纸面之体裁，更加整齐，全无遗憾。是新闻记者之资格，至此亦可谓尽矣。若夫他之新闻社，欲出其苦心，广录奇闻，以供读者之赏鉴。若仅以文词争胜一时，则亦卑之不足道矣。

欧美新闻，时见发达。自千六百年通信书简以来，迄于今日二、三百年。天下之势力，殆已由会议〔议会〕而转于新闻纸矣。以今视昔，价值不同。即材料各异，著作增加，其进步之原因也。且所扩张之新闻纸，其各种体例，革新已甚。而发行日刊新闻之增加，又伸张势力于社会之一证也。

近世编辑新闻，增一新式者，即揭载访问录之事是也。前之记事，仅描写个人之举动；而今则于其家庭亦叙述及之。纤细无遗，趣旨弥深，可谓于记事中别开新生面也。但为此访问者，必须涉猎百科之书，透彻其真相，而后由其构想之蕴蓄，发为烂漫之才华。如伊兹脱（欧洲著名之新闻家）知人论世，无论何事，能尽究其虚实。申而言之，临机应变，于其人之本领才能、言论风采，必使活现纸上。闻戈登将军，为踏破加露姆地，因而身毙。当时有老于新闻记者上德脱氏与沙姆补多将军，相会谈而得其实，即载于报端。故人谓其得编辑记者及探访员以外之恰当地位，而能受读者之欢迎，岂无谓哉？至发达之原因甚多。观近时之新闻纸，总以文学为扶植之最有力。哚赖鲁氏尝有言曰：文学与人之思想智识，自古相直接，其见重于人可知。而新闻记者，非文学中之后起者乎？然前则一编书籍，读者不过数百人。今则数时之间，即可供百千万人之用。是文学之事业亦可谓发达矣。然所以能成此伟大之业者，即由此新闻记者之手耳。准是以谈，则新闻业殆为万家所公认。一如教化之机关，将日张其势力，更不待哚赖鲁氏之言也。如周刊杂志，介绍新刊书籍，既可使纸数加多，又为评议文学之机关；不仅触学者之注意，并可从而生密接之关系也。且此等新闻杂志，不惟于政治无偏颇之见，实可为文学之先觉，故为人所欢迎。而对于社会工业之问题，更如完全无缺之教育也。是以近代之日刊新闻，不独优于前代之文学杂志，而国民之家庭，可多一高洁之教训。即大学教育之真正理，既可实现于其中；而社会所生之机密事件，亦可指大局之趋向。此非汲汲为人文开拓之途乎？若夫插精巧图画，乃近世第三期之发达，而日刊新闻，遂增以旬报之异彩。读者之目，为之一新。今也绘画之工，多欲占一席于新闻社。而各新闻之理事者，亦奖励此门，以为扩张之计。然日本之新闻纸，纸质既粗恶，而图画复欠鲜明，故不能收此大利益也。

第二十八章 新闻图画

十九世纪将终之时前后百余年，社会之进步，实有令人可惊者。而新闻事业占伟大之势力，彰明昭著者也。夫新闻图画之发达，岂艺术家旧有之事业乎？考其发达之始，尚不过十余年。惟此十余年中，如何供新意匠、新材料？欲详言之，非数千言所能尽。兹仅记其梗概，且取英国以为之例，盖以英为斯业之开山祖也。九年前，伦敦所发行之图画新闻不过五种，至千（八）百九十九年，多至十三种。是图画新闻之发达，已如斯之盛。不仅搜集材料，有大便益，而其广告，亦可恃商业之信用也。然是乃是尼犹奈士、亚姆斯阿、比亚梭三氏之事业。当其计划之初，耗费不少，而卒能收其胜利。然当其损失也。资本家某，以为不求智识仅依金钱以希成功，而遂以五百镑之资金，冀获数万之利。特〔持〕金二万镑，付于主笔记者之手，孰知竟化乌有。而尼犹奈士、姆斯特、比亚梭三人者，复以百镑从事，经营惨淡，终能奏显著之效。是可谓此业中之胜利也。尝闻其言曰：惟精益求精，始可适合于读者之趣旨，以尽自己之才能。此真成功之秘诀也。然其能事，决不仅此，谅其中尚有要道也。按图画新闻之由来，其插画最著名者，即千五百八十七年所出之脱赖克之勇功勋、千六百七年所出之磨玛斯加伊之大洪水及千六百十三年所出之阿罢伯利之虐杀图是也。外如千六百二十七年英国博物馆所藏之论文，如伯克亚姆侯刺杀之条，而缀以洋刀寻刺之图；千六百三十二年伦敦出版之某新教勇将之记事，不独揭明其运动，并缀以颜色，与瑞典王并其军队立于河岸之图。其他种种肖像，不一而足。此可征图画新闻之进步也。

至十八世纪，插画之进步颇骤。千七百四十年播士脱于日载事件，示插入绘画之例。此后揭载军阵之图，或禽物之图，或以图为诽谤，或以图记演剧，名色种种，各不相同。于是插画之风，盛行一时。至十九世纪之进步，较十八世纪已越过之矣。然图画新闻界，最初之伟人，实以古赖墨讬氏为始。如阿补撒巴，为现在旬刊新闻之最古者，以其千七百九十一年时已发刊故也。然古赖墨讬之所插图画，实有大惊人者，即为拿破仑困于奢脱柏来那岛之图，故一时称为特色。至千八百三十七年，正古利犹加遇害，乃图画其惨状，而社会为之非常惊动。观者骇之，发行更多，闻其每日销至十三万。至千八百四十二年，有伊菩拉孟氏，更创新法。考英国之图画新闻史，而此人所负之声名甚大，惟此人温雅笃实，少有从事于斯业之态。常谓发行新闻惟一之秘诀，在于插入图画，亦可谓独具特识也。夫古今文坛，如有文字之才而兼能绘事者，实亦鲜见其人。即河约义鲁伯托等人，皆以画鸣于十九世纪之文坛。然彼不仅于社会为然，即经营新闻，亦可以其一世之画，而博学者之欢爱，此其所以成功也。读绍介嘉赖士文坛纪念之碑，真无负贡献文学之举也。以彼宿望之隆，品位之高，其所缀之新闻图画，自足成功。今则其人虽齐，其事业犹存。如废止新闻税与用纸税，彼与有力焉。近日图绘新闻之流行，已普及全世界。如巴黎、如纽约，皆相继而起，然无不效伊菩拉孟之故智。今欲详说其进步与竞争，虽不捧颂，然不可不记忆者，即与同业相竞争是也。如发达不足，后日必不盛。如论其性质，则图画新闻与写真杂志，英国虽有十三种；然惟有所谓图画新闻之体裁，亦此二、三。其余皆检束写真，具体而微。成功与否，乃编辑新闻之一大问题。然亦视其编辑部事务部之力量如何，而不可竟称之为图画新闻也。试思于战场、于公会及一切之重要集会，吾人一影片，而俨得睹其状态，几如躬亲其事也。故《罗脱尼犹士》与《惹苦拉补枯》之二新闻，以其图画精巧，读者皆惊之。而此图画新闻，遂压倒各种写真新闻，然其成功亦一也。

图画新闻，既打破绘画与文学之旧例，遂以精巧之写真版，而代木版，前已言之矣。今日图画新闻，大半皆以写真版为适宜。故以最近之写真与笔画，比较之如下：

新闻名称	地方	写真画	笔画
《罗脱尼犹士》	伦敦	二八	一九
《奢苦拉补克》	同	一七	二九
《补拉谷犹能脱》	同	六〇	一三
《奢斯克济》	同	八五	〇四
《阿伯伊孤利》	纽约	三五	八
《赖斯利士》	同	四四	三

十二年前，写真版二页或三页，今日甚至占十余倍，或二十余倍之多。然雕刻画之版图，渐为写真画所占领。而独于广告一门，犹稍足维持。雕刻家虽能稍保残技，然以不及写真之神速机敏，故不能不退避三舍。所恃者，虽仅以木版画发行之新闻纸，然耳读者每多以写真画为悦目。姑勿论其迅速，而能介绍全世界之真面目，已有独得之利益。恐此后之写真图画，必较从前多分于纸面；而木版雕刻之画，必将

绝无仅有也。

周刊新闻既如是，则此后日刊新闻，更可隅反而知，观近时日刊新闻数种，无不插入几多之图画。千八百八十九年所创刊之《德利古拉补克》为之先导。相继而起者，如《估洛尼鲁》及《迈伊露》等报，亦多揭载笔画。是图画新闻，别一转而为日刊新闻之异彩。总之，写真图画，可以补文学之缺。编辑新闻者，可得进步。尝观美国图画新闻之发达，如纽约《阿鹿托》、《济亚那鲁》两种日报，闻其销售发行之多，殆如不可信者。其插画之丰富，宛如一小册子，售价又廉。故美国之新闻事业，其进步尤有超轶绝尘之致。然不仅美国然也，试观今后十年，斯种新闻之进步，尚有不可预料者。虽资本所需甚大，其结果亦伟矣哉。

然图画新闻，既于新闻界之地步，画然一定。惟此仅成于先贤英孤拉姆及脱玛士二氏之手。若此后于写真画以上，不能别出心裁，以发一新印象，又将何以永读者之爱顾？此种问题，乃在异日物质文明之机会，今兹恐未能也。

第二十九章　英国新闻业者之保护会

如前之所述，各新闻社既自相竞争，不能协同一致。故新闻业保护会之成，乃在千八百六十四年以后。但成此保护会，其目的最善，以同业者恐事剧有害其他事情，不能兼顾，遂致受人欺侮耳。千八百六十三年以前，原无保护之规则也。论其会中一切之办法，会员必须由名誉而成。其会费则每会员一年一镑一先令（合中国十二元之多）。而名誉会员，则一年所得较通常加十倍。开会之期，一年一次。合醵集会费用及捐助金，每年总在三、四千镑之多。据近年之调查，共有二万四千四百零五镑。至千八百九十三年，岁入总额共三千八百六十二镑。补助总额共二千三百九十二镑。其受纳此款者，即新闻主东、主笔记者、编辑记者、论说记者、美术批评记者、探访员、理事员及其所遗之寡妇孤儿也。

英国之本部事务所，设于伦敦。凡欲请求补助者，可先以书达干事，再由管理员认许，授以金资。而受者姓名皆不彰示。盖非独保护其形质，更保护其精神上之名誉也。欲入此会，先将其姓名、年龄、居址及从事于印刷业之年数，并明记过去现在之职业，达于干事。而以同会员二名，或友人为保证。但此保护会，不仅会员而已。凡为新闻业者，即无关系于此保护会，或先为会员，今已退会者，皆不可不保护，而于此等人之寡妇孤儿亦然。至此例外之保护，如既往三年间，平均以十分之五扣之，据千八百九十三年之调查，其会及其关系者之保护额，已有二千零九十九镑。内有二人终身为会员，各分五十五镑。会员外之有关系者，加二百三十八镑。其细目，尚未详及也。欧美新闻业者，其用意之周到，于此可见。日本现有奖励保护工人之事，于印刷业，闻已组织将成。而新闻业日加发达，规模宏大，事务烦剧，则保护会亦不可不倡行之矣。

第三十章　新闻记者之养成

　　新闻业之劳役，如前所述之保护会，而其所组织最感人者，即养成新闻记者一事。英国此养成所，既已办成。故自千八百八十九年至千八百八十四年（？），国民之新闻记者，相与同盟，可见其运动进取之功效。但此养成之目的，在保护奖励新闻事业。其主义方针极与平民相合。加以各会员皆有均一之权利，由是地方支部，既承地方自治之道，而本部则置于伦敦。常派委员于爱尔兰商议，大开年会。其成功所最著者，即统计五十六州：新闻记者约四千人，遂编成一大团体。即各种出版业，昔日冷淡如水者，今皆起同感之情。是英国之新闻记者，统一其势力，以为之准备。实施于新世纪之工夫矣。寻其第一著之目的，则于学理、于实际本领，皆入此团体中，以为试验候补者之资格。其试验法，原欲使其细心考查，以为将来占最高之地步。故专心之新闻记者，必须修养学力。既在今日，不仅以垄断言论，随世运之进步而推移，遂以为足也。夫既为社会之公人，则舆论之向背，当自任助理之特权。如是则社会人民，必更深信任。此学德品性之修养，所为不可缺也。盖有心之新闻记者，感外界之压迫更为逼切。压迫者何？即近世诸学科之进步是也。高等之教育既已普及，欲摧此无敌之锋芒，下与此社会之大势，亦不可不自全其体面。即与社会之生存，与对于人间之阶级，新闻记者盖有敦化指导之任,而不能懈也。夫公会演说,有文法误谬;说教家,有发音之误谬,此皆教育怠慢使之然也。新闻记者,如不于此中注意,而缀有瑕疵之词,则未免见笑大方。既近来日刊新闻之进步,各种事务,亦日趋烦剧。故编辑部中,尤必须有卓越之文学才识,而后可当其任。凡年少者,有渴欲入于新闻社会之志,吾人宜警告以修学,然后升进速而报酬必多,其声誉亦由此可博。足不仅专画学者之修养,亦欲为良新闻记者之要道也。然今日之新闻记者,如欲录其功于新闻史,必不可忘,此赅博深奥之素养也。至其实际本领,原无他谬巧,惟新进之记者,欲思博大名,则必须精励宏卓,灵活机敏,而后烦剧可处,唐突可免。且必须有常识,而后可以公正无私。此种工夫,非养成于学校,必修练于实际也。

第三十一章　英国新闻事业

曰贵族、曰僧侣、曰平民、曰新闻记者，乃英国社会制度之四大阶级也。夫新闻纸，既于社会政治占有莫大之势力，已载之旧日之历史。由是观之，不仅英国之政治制度，可以为万国之模范；即其新闻事业，亦可为世界之标准也。观各国之报章，虽各有一种之特色异彩。而英国之新闻事业，可称之为新闻中最有理想者。英国之国民，以其雄浑之精力，幽深之理想，高洁之信仰，谁不见其久持世界人类之运命，突进文明之大道，而又为他人所不及乎？且此伟大国民，亦赖此新闻纸之力助之。是其功德勋绩之鸿博，更可推知也。夫英国新闻之起源，在千六百年之初，殆有三百年之事业也。其始萌芽也，称之为新闻书柬。以当时尚属封建时代，印刷未发明，发行之范围狭隘，仅不过个人之间而已。故其时代之文学智识，徒存于贵族僧侣及小数富裕之人家；而其报告之材料，不过杂谈风说。故当时之新闻，材料必搜求之酒肆神院，多人集合之处。是乃英国新闻之旧史也。迩来印刷之进步，新闻已大革命。历三世纪间，遂有今日之发达。就其发达及沿革而叙述之，则现今新闻之状态可知矣。

英国新闻纸，若就其大概论之，真率也、正直也、公平也，又有保守之理想者也。无轻佻浮薄之习，鲜刺激嚣竞之风，此其新闻之特性也。盖英国人之品格，重朴挚、好守旧，故其新闻亦具有此种性质。如其论有须解释时事者，其说颇公平，而参以教训。非若美国新闻之激烈，又不苟法国新闻之缠绵。当内治之关系与国际之问题，则务以其所具之理指示之。此英国新闻之特色，其所以有势力于社会者，即由此也。而组织社会之第四原质之一，亦存于是。

夫其势力、其品性、其文词，而能为新闻社之木铎、文明进步之勇将、冠绝世界而无出其上者，其惟《泰晤士》新闻乎。盖以《泰晤士》之新闻，贡献英国之富强，可谓久而且远。且其势力感化之所及，于今尚无已时。声名既轰压于一代，而购读此报者，亦不过三万余数。然闻其事实，亦有令人可惊者也。

英《尼孤播士脱》、《士但打把德利》、《义犹斯》三大新闻，其于英国之新闻界，其主义在为保守派之代表，然不失为新闻界之三大雄镇也。近时朝刊新闻，如《特赖古拉布》及《古洛尼苦路》；夕刊新闻，如《沙能》及《加撒指把》者，乃新闻界崛起之新派。于英国之新闻界，而能别开生面，然皆各有特色异彩也。以伦敦发行新闻之数比于巴黎，甚觉不及。然英国人确乎信仰，而于政治有一定之主义，故不觉困难也。今就伦敦发行最有力之新闻杂志，其名及主义揭示于下：

《特利古洛尼苦路》	保守党之新闻也。
《孤拉比措克》	犹尼阿士托之图画新闻也。
《迈鲁》	近时初发行之新闻也。
《尼犹士》	自由党之机关新闻也。
《特利孤拉布》	保守党之新闻。其特别寄书通信，乃此新闻之特色。
《莫尼古》	保守党之新闻也。

《阿托巴达伊撒》	保守党之新闻也。
《利旦》	急进党之新闻也。
《播士脱》	亦保守党之新闻,伦敦新闻中之最古者也。
《泰晤士》	英国新闻中之泰斗也。
《士旦达托》	亦保守党之重要机关新闻也。

以上乃朝刊新闻。

《傻河》	独立之新闻也。就所报之事实而立议论购读者多。
《伊补宁旦纽士》	保守党之新闻。夕刊新闻中最有作为之新闻也。
《七旦达托》	保守党之新闻也。报发虽迟,然凡法律上之事细大不遗。
《孤洛布》	保守党之新闻也。配合杂报与论文,体裁甚善。
《波路迈鲁加奢脱》	保守党之新闻也。以文词流丽得名。
《士旦》	急进党之机关新闻也。
《沙能》	近年保守党之新闻也。
《济能极哀姆斯》	保守党之新闻也。虽曰新闻,实曰文学政治之杂志耳。
《维爱士脱》	自由党之新闻也。

以上乃夕刊新闻。

此外有旬报、有月报。上自法律政治,下及工艺游戏,共有六十余种。或以平正为主,或以滑稽为能。士农工商,妇女儿童,无不各依其界限,而组织一新闻,以发挥其能力。体裁总著,精益求精。此英国新闻之强盛,于此可见一斑焉。

第三十二章　美国新闻事业

美国新闻事业之发达，可划一新纪元也。若考其历史与其政治社会，及他一切之经历，尚在青年时代。故其新闻，亦不能脱青年时代之范围。盖立国未久，历史不长。若夫其富庶、其势力、其进步、其精神，转使欧洲旧世界之列国，瞠乎在其后者,是其新闻事业,不亦较欧洲诸国别有生色乎？抑美国之新闻记者，岂别有天才以供新经验于斯业乎？不然，贡献大原力于世界新闻，何其如斯之大也？

抑由政治、社会、经济、文学与其发行数之多，以观察新闻之势力，真可谓国民教育之大学校。盖其政治文学之趣旨，普及于最下之国民。是美国之新闻事业，可谓冠绝世界矣。之亚克假那利士姆（美国之新闻主义）之新闻学派，既已耸动世界之耳目，为世界所公认。余亦于此流派，信其乘新闻事业之风潮而来也。

美国之新闻，皆有力之新闻也。于政治，则有如可畏之武器；于商业，则如铁道、如矿山，为营业放资之大机关。然观其发达之原，亦由其经世才与文章才者，麇集其中。各出其锐敏明快之脑筋，以相争胜，故其势力不可当，亦无足怪也。

美国日刊新闻发行之数，有二千二百；周刊新闻杂志之数，有一万五千余。而此等之新闻，有二十九种国语之异。

则美国新闻事业之盛,可见一斑。今就各国每月新闻发行之数,比较如下:

美国	三亿三千万纸
英国	一亿五千万纸
德国	一亿四千万纸
法国	一亿四千万纸
奥国	四千万纸
俄国	一千二百万纸
西班牙	一千百万纸

美国以地方分权势力最大之国,凡一切制度,以势力分配为根本。如英之伦敦、法之巴黎、德之柏林、奥之维也纳,皆可以为政治商业交际之中心点。纽约之于美,虽情形较此稍异。惟以其人口之多,商业之盛,可为一州之大都会,而握美国诸市府之霸权。较之巴黎、伦敦、柏林、维也纳诸地,已大异其趣焉。

由是观之,美国新闻,有地方分权之性质;欧洲诸国之新闻,则有中央集权之性质。如伦敦新闻即英国之新闻,巴黎新闻即法国之新闻,柏林新闻即德国之新闻。盖以此为中央集权之点,而中央之新闻,直可代表其国民之意思感情也。何则?以其有中央集权之习惯,举全国民人意志,一以中央首府之意志为目的。故欧洲诸国,其首府所发行新闻之势力,可普及全国。美则不然。纽约一府,原非首善之区,即能占全国市府霸权之地位,而凌驾纽约之都会,亦复不少。加以各州法律既异,制度又多不同。且各有法制权,各设立法部,亦以其联邦之故。故此册〔州〕之势力,常不能及于他州。于是地方新闻之势力,多在其地方范围以内。除纽约二、三大新闻外,殆无有出于各州者。即如波斯顿、比德路西亚、西加俄、新托鲁士、山布兰西我之大市府,各以新闻之势力,而防卫他种新闻之侵入。是美国建设分权之制度,已达于极端,于其新闻纸分权之势可见。

以是观美国之新闻,欲如伦敦新闻之代表英国,巴黎新闻之代表法国,不可得也。既无统一之致,故其新闻,不能占有中央集权之地位。然若论其便利,则当以纽约新闻为标准。其势力之大,发行之高,组织之密,已较波斯顿等州为优。纽约新闻之最大者,以《伯拉鲁托》为首屈一指。盖以该新闻于政治之主义,不偏不党,而议论亦复平正,其发行之广,不独上流社会购读之,而下流社会中阅之者更多。其消息之灵通,则已于欧美之间,私设大西洋电线。网罗世界要闻,日无间断,为他报所不及。又于法国巴黎设一分社以英语发行之,称为《犹罗比安》。其干事他那氏常住居巴黎,以监督欧洲出版之《伯拉鲁托》与纽约之《伯拉鲁托》报,以求究美。是以新闻发行之高,闻一日至二十五万纸之多。不已可睨视一方欤!

纽约新闻事业,其中有二种,可为美国新闻之模范、纽约新闻之伟观。其经营此事业也,以巨大之资本,费无穷之精力,遂能于同一方向、同一趣旨、同一读者之中,而别开拓一分野之地。故其间之竞争,甲欲行于此,乙则欲行于彼,遂不免激烈。即《阿露托》、《峡那鲁》二大新闻是已。阐明此二大新闻之性质,则美国新闻大概,亦可明矣。纽约之《阿露托》者,于政治则属特莫古拉多党。以其党有伟大势力,故常揭载激烈之记事。苟有能激发公家〔众〕感情者,则不厌其费用之烦。而各地之探访者,必派遣切实可靠者,且招聘美术家,以求纸面之改良。故声名日大,而占美国新闻第一流之地位。为特莫古拉多党,最有力之机关也。其发行之高，每日达八十万以上。购阅者，虽多在下流社会，然其销路之广，除纽约《伯拉鲁托》，遍美国无有能比肩者。清日战争之际，有某新闻记者，派为东洋战时之通信员。因日政府待之不优，乃愤旅顺之虐杀，发一长电，以叙述日军暴虐之状，谓日本行为野蛮，有辱于文明世界，不可不重加讨罚云云。痛论攻击，不遗余力，世界各国，几为之震动。

溯四、五年前，《阿露托》之新闻，忽遇一强敌，即纽约之《峡那鲁》是也。然此新闻，初不过一微之新闻社。适有美国元老院议员，颇有资财，俗呼之为银矿王。旋死去，其子伯卢斯脱，拥有数千万之遗产，少年豪壮，正由大学卒业，欲展其怀抱，以伸雄心于政界，挟巨资来纽约，购取《峡那鲁》小新闻社。散其巨款，延揽通才。所有之新闻高手，皆加倍赠给。由是《阿露托》社之精粹，俱为彼吸引而去。其纸价又较《阿露托》减廉半倍。由是《峡那鲁》之小新闻社，一跃而驾《阿露托》社之上。虽《阿露托》以积年之势与之争竞，奈资本不及，不能不让其独步。伯卢斯脱因此新闻之发行，不及一年已消费八十万金之多。故人识其与纽约之《沙能》新闻社，皆仗黄金之力，因谓之为黄色新闻①云。由是黄色新闻名称，遂为美国普通之名词矣。

夫黄色新闻，以英国之新闻主义论之，似卑不足道。以其乏严重之格调，无高尚之理想故也。然其滋味酽深，亦可使读者为日用娱乐之一种。故其发行之高，普及于下层社会。

---

① 此书所说"黄色新闻"一词的由来和现在通常的讲法不一致。现一般认为，这一词是因十九世纪末，美国《世界报》和《晨报》竞相登载富有刺激性、趣味性的《黄色少年》(The yellowo Kid，以一个穿黄色衬衫的少年为主角的卡通画)，故得此名。

而新闻营业之法，不可谓得宜矣。

然新闻趣味过多，则其弊每不重事实而重感激。是专以新闻为营利事业，势将不述理想，只求世俗趋向，已不免俯仰随人之消〔消〕。美国新闻之短，盖在此耳。而黄色新闻之最可惊者，即插画之多。如有交际集会命盗等件，必增以感激之图画。故图画新闻之最发达者，以美国为冠，虽近日欧洲最重保守之国，而其新闻纸，亦渐插入图画。但较美国，殆不足论也。尝阅其新闻，每种必插画数十。而礼拜日之附录，各种彩色之画，如狂画、戏画、写真画、想象画，总以百数。至其插画，有线画、有铜版、有铅版、有石版。是绘画，乃新闻不可缺之要道。此其所以能占新闻之重要地步也。有妙手之画师，新闻社必争聘之，故大新闻社，每有十数之画师，专术缀术，营营不绝。解衣般礴，舐笔和墨，此美国新闻之特色，更于此可见也。

活版部实发起于欧洲之诸新闻纸。而美国所用之活版，发明最近，名为拉伊洛达衣，各国所不及也。盖美国以产业界，为优胜劣败、生存竞争之场。若不能保守，即招自灭之原因，故一日不许其苟且也。夫美国新闻与欧洲大异其趣者，即女学昌明妇人为记者之多也。虽法之巴黎、英之伦敦、德之柏林，其妇人记者亦不能谓全无。然较美国，则主笔记者为之妇人，探访通信者之妇人，绘画者之妇人，一切之新闻事业，无不依于妇女之手。而其势力亦甚大。不仅其势力，即女学之盛，亦无有及美国者。学校中男女无别；游戏之地，亦无男女不便之差异。于是美国之女，身心活泼，人谓其胜于男子,洵属定评也。政治文学，美国女子既占最优之地位，而男子教育之方针，益为美国妇女所勇猛输进。以是脑力之发达。从来无阴郁女红及琐屑缓慢之弊。故能自由活泼，而翱翔于政治界及社会之表面，以求新事业。故为学校之教师，其美善成效，无有比于女子之上者，盖以彼等发挥新光彩。如为说教、为会计、为书记、为事务家，又能著拔群之效。鬓眉之男子，与之相衡，反多瞠乎若后者。以有教育、有思虑之纤纤女子，任新闻记者之职业，发敏锐之智力、沉静之心思，其想象之力又能用冷，故重献于新闻者不少。检最近二十年间之新闻杂志，其中著作以妇女为最多。查最近美国新闻社员之名传，以妇女而为新闻员者居多数。则他日进步之速力，更有不可限量者焉。

大新闻之编辑局，有妇人一类。每日之新闻纸，有一页或数页，以载妇女之事。其他挂号会计，无不以妇人为之。盖以妇女心思精细，可无失误之处耳。余在美国时，尝见一新闻社之女主笔记者。其时服制之议方哗，彼乃询日本妇女之服制于余。余因为之解释，彼亦解领之。异日遂添载插画，将此事揭出。余甚惊其敏速也。至新闻社之交换局，于妇女辈更相宜。故文笔最佳之妇女，多占此等地位。此外为特别寄书家者，亦可借以生计。如有现时之社会、宗教、政治、教育之大问题，亦可寄送论说，新闻社无不喜爱之。盖得其原著，甚有作用也。

从来社会之大问题，常由男子论断。至妇女之势力，渐见发达。亦有为经世之家，而不肯潜消其势力于等闲。由是社会上设有运动，男女必共相牵连。而其观念，遂由此更切。在美国之新闻社，凡社会问题之发生，必派遣其社内有为之女记者，以为通信员。而此女通信员，直可依其观察，论断某事，明载诸新闻纸，并可以大活字排印。当时有名于世界者，尼利伯理女史，曾着潜水之服，深入于纽约湾之海底，暗画其状态，以耸动天下之耳目。或时而冒险七十余日，以环游世界一周也。又有洛拉玛克式女史，欲将苟古加果德癫病院内之恶弊，暴露于天下，遂佯狂而呼于道路中。遂为警查官所捕，直送之于癫病院，遂得目击虐待狂人之状。后得亲友某救出，乃暴布癫病院之情形，而舆论为之一震。以一纤之弱质，入于狞恶暴烈之群，探访魔窟之罪恶，并揭出之于新闻，以启发一世之社会人心。于是真救苦之热肠举世，亦不可多得也。

以是等之感情记事，为黄色新闻所最欢迎。盖如此之妇女记者，即为其社之理想记者，因而崇拜之。近有板古斯女史者，将十九世纪之评论，揭载于美国黄色新闻内之幅。然则此等妇女记者，何由而得此，黄色新闻何由而用如女记者之秘密可知矣。有主任记者某，招女探访记者而告之曰：尔可著妓服，游荡于颠达洛英之市（纽约妓肆），使警官捕之入狱，探访虐妇之状。某女探访记者，即如命而往。遂得悉其私用刑罚之弊，大鸣其罪于新闻纸，由是人称快焉。

黄色新闻，欲之欢迎民心。用种种之手段，揭阴私、传奇异，冒险愈重，牟利自大。故每致不顾事实，激发大众之感情。如美西战争之际，纽约之黄色新闻，因迈〔遇〕英号铁甲轰沉之事，见开战之问题日急。遂创对外之策，而以全力倾注，主张开战。议论风生，新闻上顿发生一特色。人心大动，而美西战争以决。

是黄色新闻，既以挑发公众之感激为目的，虽其局面卑不足道，而能投合时流。故其发行亦甚广。美国人士，无不知黄色新闻之势力者。至美西葛藤之生，忽而猛变其势力，几于不可抵遏。寻其原动力，则实黄色新闻开战论为之也。则此新闻，且可谓挑战之具矣。

大虽美国新闻，原非黄色为多，而其祖述英国主义者实多。彼以真率实在之情形，鼓吹一定之理想。所以各新闻皆仰之为一代之泰斗，正以此也。例如爵鲁机特那氏，乃纽约《沙能》新闻记者，为一世所推戴。而其新闻种类，亦复不少，然比之黄色新闻，其势力总不足以敌压之。而美国新闻全体之趋向，亦在于此。可见黄色新闻主义之潮流，不蒙其感化力者殆稀！余辈虽知其主义不无弊害，然其感化势力之大，亦有不能不惊者也。

第三十三章 法国新闻事业

英美之新闻事业既如此，试更注目欧洲之大陆，则法国之新闻，亦可放一异彩。夫英美两国之新闻，乃代表盎格鲁撒克逊人种之性质，而法兰西之新闻，又实显拉丁人种之性质者也。吾人欲知法国新闻之事业，先观巴黎矣。夫巴黎新闻者，乃产巴黎人士之物，而巴黎人士又产巴黎新闻之物也。而欲知巴黎人之性质者，即可于巴黎新闻见之。兹即巴黎新闻之特色，述之于下：

第一、巴黎者，新闻势力之中心点也。

无论何国，其新闻势力，皆不免倾于中央。如美国虽系地方分权，而其新闻之起点，犹不免倾向于纽约。至英之于伦敦，其为新闻之中心点，固无容疑。他如柏林之在德，圣彼得堡之在俄，其力皆倾注于中央，尤为自然之势。而法国巴黎，更见为甚。盖以巴黎之地，美术、文学、科学、交际、政治，皆为势力之起点。新闻何独不然？巴黎者，非法兰西之巴黎，乃巴黎之法兰西也。

世界之大都，其新闻杂志，发刊虽多，然总不如巴黎。巴黎之日报，每日有五十余种。若加以月报、周报、旬报及其他定期刊行诸杂志，统计在二千种内外。若计其全国发刊之总数，则有三千一百八十余种。是巴黎一都府，已占全国三分之二。其膨胀之力于此可见。而巴黎之新闻杂志，不仅为中央集权之极端，实可谓令人起脑充血之病矣（形容新闻杂志之多）。

第二、新闻者，非营业，乃政治之机关也。

巴黎之新闻事业，并不如英美之专主牟利，别有一种目的。目的维何？则政治之机关是也。盖彼之机关，不与普通之商业共同。故巴黎五十余种之新闻纸，除五、六种基础稍固者外，余则皆归政党或个人之支创而成全。虽如《加洛伯济夹那鲁》亦由营利而成，然其目的，总在政治机关而矣，与商业无涉也。

夫五十余种之新闻，既以此目的为机关，而不计其发行之损失。故法国政治家，皆利用此新闻，为一己机关之计，以是议论政治，常可发表己之怀抱。盖法国之政治家，多出新闻记者出身。大统领布犹理氏，尝谓某新闻记者为政界之敌。其他代议院之议员，为新闻记者或发行者，亦甚多云。

第三、法国新闻，乃文学之新闻也。

美国之所务者，以为精选事实，不如报告迅急。故增耳目之聪明者，乃美国新闻之特色也。其文学则不免减色。法国之新闻则反是。其记述事实也，多务词华，以求纸面之光荣。故新闻记者之理想，乃论文家也、历史家也、文学家也。而机敏活泼、勤勉忍耐，其次耳。是法国所重者，在议论、在小说。以冠冕政治之议，历史叙述之文，为新闻第一种。而小说一门，尤不可缺，故勿论如何之新闻，必揭载二、三小说，而社会中亦欢迎之。如有新小说，则发行可由是增多。一礼拜中可销行数万纸，是小说为法国新闻成效之要端也。

第四、新闻纸者，全属个人之事。

法国新闻，所以异于英美者，其性质全属于个人也。英美两国，其主权全在新闻社。视个人为全社之一分子，不得张头露角于其间。如论文通信，及为社内之耳目者，皆不得附名，仅称为记者某或通信者某云云而已。法国之新闻，凡揭载文字，必首录记者之姓名。且新闻之全体，亦俨然为记者一身之要件。即有时所载，不免趋重于个人主义。

第五、广告极少也。

英美新闻，广告极多。盖广告者，为新闻社最大之利源。而新闻之成效，必以广告之多少为定。此英美新闻之理事者，所以需才干之人也。法国则又不然。如《比加洛》、《路布济嘉那鲁》等新闻，其登载广告，仅有半页之多，时而并一条俱无。至其广告费，则一行须十数元。取费太昂，无怪畏难而阻，总之，拉丁人种之性质，本非商业之人民，故不及撒克逊人种能解此中利益也。虽然，其新闻界中，已渐有染美国风气者，法国之新闻事业将来别开生面，亦未可知也。

以上所论，乃法国新闻与英美相异之处。至编辑方法，尤有多少差异者，试再论之。

《比加洛》：法国新闻，必以《比加洛》为首屈一指。盖以此新闻，实足为法国新闻之标本，于政治、社会最有势力者也。那以其格调之高，意见之正，法国新闻中亦无有能及之者。故欲窥法国之趋向，必先窥《比加洛》报，犹之欲窥英国之趋向者，必先窥《泰晤士》报也。以其事实详备，故阅者甚多。《比加洛》新闻之体裁，政治居首，交际次之。若每日之紧要新闻，非其本旨也。小说一门，尤为不缺。近时主笔为特罗德氏。文字畅达明快，一往无前。守共和之主义，而不党不偏，超出政界党派以外，此亦其新闻之卓出者也。其成功则由集股，每年所获利益甚大。闻其社中之主笔记者有十五人之多，通信员则二十八人。故于文学最为尽力。

虽一年费用四百万法郎，利益尚有赢余。其发行之廉，全纸六页，每页定价十五参季姆（合中国三十钱云）。

《路布济嘉那鲁新闻》：此法国新闻界，能以一小新闻具伟大之观者也。其纸数只有四页，而发行之高，世界无比。虽号称百五十万，其实亦总在百万以上。每礼拜所消费纸量，已有二十万克洛。一年入费，则上一千万法郎云。定价每张五参季姆（中国十钱），较《比加洛》报只得三分之一，故佣民农夫、舆皂走卒之俦，无不各手一编。而每日之新闻奇谈，充满几遍。小说一门，尤为巴黎新闻之特出，故受下等社会之欢迎。若政治学术之事，则不概见也。其本甚微，故其材料，亦不复杂。创始者，为玛利洛尼氏，其股本占全社之半。其余纠合，资亦不多，至今则获利甚厚。而轮转机之改良进步，与印刷机之发明，皆此氏之力。至今新闻业家，无不用此机械云。往年余随伊藤侯，漫游欧洲，过巴黎，访新闻社长玛利洛尼氏，问其社中经营之道，彼为之恳切指导，且引余纵览社内。余于是调查其编辑情形，印刷发行之利弊，及社内之组织，得益颇多。见其印刷部，置有玛利洛尼轮转机八座，日夜印刷。每日发行之新闻多至五种。一发行法兰西之南部，一发行法兰西之西部，一发行法兰西之东部，一发行外国各地，一发行巴黎市中是也。夫以一新闻而发行五处，发行者，则甲地必其记事适合于其地方，发行于乙地等，亦莫不然。是发行部之组织，亦足见其精密也。其理事者，欲其扩张新闻，每年费百万法郎。使无数之扩张社员，周游市府村落，推广销路。其社发行新闻外，每礼拜更发刊五种杂志，如图画杂志、农业杂志，皆定价极廉购阅者亦极多也。

《鲁布济拍利西安新闻》：创立于千八百八十三年，全纸四页，其体裁模仿《爵鲁那路》，其主笔为继犹比衣氏，为近日成效最著之新闻，购读者甚多。

《路旦新闻》：创于千八百六十一年。当时之主笔最著名，即元老院议员犹补拉路氏也。其新闻之性质，趣味不佳，文体迟慢。盖注重在科学，缺渊茂之色。如论时事，则尤非其长。

《歌洛阿新闻》：此新闻乃王党中最有力者。主笔迈伊哀氏最著名。其寄书通信亦多著名之文学家。然王党之势力振，而社运渐衰。其费用有某贵族二人津贴之。

《玛达新闻》：此新闻模仿美国，奇趣横生，阅者亦众。人谓其于巴黎新闻中，别开生面云。

《济犹那路脱特拔新闻》：此新闻之起源，在法国大革命时代。延及今日，势力颇大，声名亦盛，其寄书家皆含有宗教臭味。如批评之戏曲者，乃著名之路迈鲁氏、批评寄书之者，乃赖侬哀氏也。

《莫尼兹路新闻》：此新闻乃阿卢连党之机关，即政府之机关也。

《罗脱利特新闻》：此新闻乃拿破仑党之机关，常尽力图帝政之恢复者也。

《拉脱兰嘉新闻》：其主笔洛西布阿路氏。氏著名为政治家，亦新闻记者之佼佼者也。其出处进退，变幻无常，令人不可端倪。又尝为补拉奢党之新闻记者云。

《拉赖拍布理新闻》：发起人为著名政治家康巴达氏。氏以此为政治之机关新闻，故势力极盛，近则亦就衰落矣。

《琐赖伊犹新闻》：此新闻乃阿鲁赖安王党之机关也。局面虽小，发行最高。现时之主笔者，即学会员慢多瓦脱波氏也。

以上仅录其最有关系者，他如《乌阿鲁德路》等新闻，不下数十余，不能详述。

第三十四章 德意志新闻事业

论新闻事业，德意志已在英美之后。盖德国国是，重专制政体。言论出版，每难自由，为新闻业之害。夫言论出版，本宜自由。缚束一严，则于社会之意志，必不能十分发达。然德国文物隆盛，斯业亦与世运为推移。现在新闻杂志，已出版九千八百余种矣。

当铁血宰相全盛时，彼不仅以铁血主义施之联邦诸国，而且行于新闻社会。于是德意志之新闻，无不痛受其压制。虽近世之政治家，如彼之嫌恶新闻者不少。惟彼利用新闻，以为一己之目的。故其驱使新闻记者，始则强迫手段，继则笼络手段。以致当时之无数新闻，充俾斯麦之机关之用。而无数之新闻记者，俱为俾斯麦之鹰犬，奉行其政策，而不敢或怠也。至俾公去位后，德国之新闻始得脱其压迫，由是一变其面目，从而伸张其势力。而政界之间，遂各以新闻为机关。此原无异于各国，但党派一分，又各争其主义。如有关于外交等事，而各新闻社之意见，必不能一。甲则主张排英，乙则非难德奥意三国之同盟。议论纷纭，莫衷一是。然计其多数，以排法为最盛云。兹将德国有力新闻，略述于下：

《班布鲁严路新闻》：此新闻乃俾斯麦之机关新闻也。当公全盛时，此新闻可为政府之代表。

《阿卢岩玛伊奈新闻》：此亦俾斯麦公之机关新闻也。在迷由威尼比地，势力最大，直可为南方之雄镇，以补助俾公之政策。主笔记者为布拉温氏。其论说记事，颇有声价云。

《那机约那鲁新闻》：亦俾斯麦公之机关。主笔为特连布鲁比氏。此外如《柏机西犹》、《脱来七托奈鲁》及《西犹尼比》皆为俾公之机关，并依之爪牙云。

《罗路脱新闻》：乃保守党最有力之机关，其始属俾公，后则归于加布利威宰相云。

《苦洛伊址新闻》：此亦保守党之新闻，其主笔者，为其党代议士班迈路上达英氏。议论平正，颇有独立之识见。

《布兰古补路特新闻》：此乃进步共和党之机关，以急进为主义，于劳力争竞之事，颇觉尽力。当俾公握政权，行总制社会主义，此新闻最形穷迫。其主笔为琐奈玛氏。购阅者以外国人为多。然德国之新闻，能流行于他国者，当推此为第一云。

《伯路利奈鲁新闻》：此亦急进党之机关，其主笔为赖乌衣琐温氏。于欧洲各国之都府，皆置有通信员。故他国之政治，皆能精密探查。记事丰富，访事的确，为德国群报之冠。当俾公权盛时，因议论激烈，受政府之苦。而其所派之通信员，累被放逐云。

《布拉依济尼亿岩新闻》：创立于千八百八十五年，亦急进党有力之新闻也。即为著名代议士利比特鲁之机关。当日纵横立说，以攻击俾公之政策，俾公颇苦之。

《补阿鲁乌哀路新闻》：此新闻乃社会党之机关，其主笔为利哀布古奈氏。氏为会中副首领，最有力。此外如《布阿路古士》数种之新闻，皆为社会党所有，亦足见其党之盛也。

《菁阿西兹偎新闻》：此新闻之主义虽以共和为重，然立于保守自由党与急进党之中，不偏不党，常有一己之识见焉。

此外，如《柏偎路崖》及《班布鲁哀路》，乃经济政策之机关也。《迷利特露》者，乃军事之机关也。政府之机关，则有《拉伊比斯》。基督教之机关，则有《拉衣比七播阿特》，其主义不一，其体例亦各有异。

第三十五章 俄国新闻事业

俄国文明,本后欧洲。而民众势力之风潮,膨胀洋溢。而其政体,专制独行。然版图之大,兵力之强,亦足以慑服列强。观其近世之专制情形,无不拘束法律,以防欧洲文明横流之势。其国力虽雄,奈当此国民竞争之世,而俄之经世家,以愚黔首。闭人文为得富国强兵之术者,吾人所不能信也。然则国民之教育,不可不设施;国民之智识,不可不涵养。设其国民,无教育、无知识,何能于今日之世界而更求进步乎?特莫苦兰之势力,已为近世纪之大现象。则教育与知识,相得益彰。是俄国之前途,不难预测也。外则南欧之潮流,压境而来;内则特莫苦兰之势力,酝酿将成。是虽重保守之俄国,世能禁其进步之机耶?吾人观俄国之新闻势力,则此二大势力之冲突消息,亦可以知矣。

欧洲诸国,其言论出版之最穷蹙者,厥惟俄国。故其国之新闻,于出版一事,无不用严行缚束之法。盖其出版法有二种:一普通检阅法,凡出版之后,必须经以检阅。二原稿检阅法,如未出版以前,必须检阅其原稿。设有不妥适之处,而检查官可以随意删削涂改之。至问其主义,则无一定之标准也。

俄之政府,于圣彼得堡及莫斯科两地,设检阅处。凡各新闻社,不问为原稿、为出版,皆须随时请其检阅。如新闻杂志等类，则行检阅原稿法，颇严酷过甚。如由普通检阅法，先纳保证金二千五百卢布与政府，三次犯禁，则收没其保证金，或禁止其发行，或命其停止三月或六月之发行。如由外国出版者，设有不合检阅官之意，则拉杂而摧烧之，以禁绝国人之购阅也。其限制出版，虽如是酷烈，而各地秘密出版者，日益加多。于是俄国乃严定办法，凡不经政府之许可者，概不得购置出版机械云。俄政府其所以用此手段者，无非欲压束人民言论出版之自由耳。然实警察之，彼果得杜绝近世文明之输入乎？民众潮流，大势所趋，虽专制之帝国，无有不侵入者也。精神所鼓吹，俄国之新闻事业，遂亦灿烂而发其精华，此可论证者也。

千八百三十年间，俄国所刊行新闻杂志，不过七十三种。至千八百五十年，则加二倍，迄今凡七百四十三种矣。如以国语细别之，则五百八十九种用俄语，他或用德国语，或用波兰语，或用亚美尼亚语，或用希伯来语，或用拉丁语，或用安斯特尼恩语，皆由检阅法以区别之。其中二百四十八种，由普通检阅，他之四百九十五种，则由原稿检阅也。

俄国新闻，经如是之严密检阅法，则言论自由之权，已为梦想所不及。而各新闻，只有敛其笔锋，用圆转滑脱之文法乎。然中有含蓄，则读者用意揣测，不难以无意之文词，而认作有心之经世策也。要之，俄国之新闻，虽条例极酷，而其气势决不见零落，且日见其兴盛也。他日俄国，若于政治社会有革命之举，则新闻必发其革命之先锋，可无疑也。今就俄新闻中最有力者而略述之。

保守之帝政党《莫斯哥威克亚新闻》：此新闻乃专制帝政党之机关。以统一斯拉夫人种为主义。于政体则主专制，于经济则主保护，于外交则主俄法同盟。而其主笔，即为著名有势力之政治家加脱科布氏。销行最广。凡由海外函购者，每年须二十六卢布，约一卢布合中国一元一角三分也。

《孤拉济达奈新闻》：此亦保守帝政派之机关。其主义采用专制最激之策，而于教育普及权利普及等事，常大相反对。且营议所在大学之非。如其政界之新闻，有涉于激烈之言论者，亦常受制裁云。此外如《鲁乌斯济新闻》，乃国民新闻之主干，创于千八百九十三年也。

《十乌馒拖世界》：此新闻创立于千八百九十年，亦保守帝政党之机关，其创立之日犹浅，而发行最高。亦俄国新闻中之极有力者也。外如《辛阿特犹脱西十托瓦》以及《路乌斯克伊》、《卢期科侬》等杂志，一为帝政党之机关，一为革命党所编辑，皆各有所长也。

政府之机关《西乌那鲁新闻》：此乃政府之机关新闻。间用法国文字。专记外务省之事，而文学美术及商业等事，亦附见焉。

《伯特鲁斯补新闻》：此新闻乃文部省之机关。创立已百七十余年，亦俄国最旧之新闻也。其主义则倡俄法同盟最为有力云。

外如《布拉威伊德路》者，政府之机关，专载行政之题。《瓦鲁梭威》者，专载政府之文件。《路乌斯克》者，专志陆军之事实。至《古洛西日脱十》杂志，则为海军之机关。其他陆军有陆军之专门杂志，海军有海军之专门杂志，各尽其责任。至如俄国之官报，乃网罗内外一切记事，异乎普通新闻者也。

《鲁洛路周刊》新闻：在法国巴黎而发刊俄之新闻者。设于克利米亚战争以后，为其外交官播优波罗氏所创。其目的专述欧洲各国外交之真相，以著目于法国之政策也。

自由渐进党之机关《洛乌哀阿赖迷亚新闻》：其主义虽重自由，然以渐进为宗旨，其立说不偏不党，而又文学丰富，绘画增多，购阅者广。故圣彼得侯之新闻纸，当以此为最有名誉。主笔为士乌阿零氏，尤长于小说，亦有名于世。

《洛威士继伊新闻》：此亦自由渐进党之新闻。与《洛乌哀赖迷》并驾齐驱。惟于俄国之商业大占势力。而又议论剀切，往往非难政府之措施，于外交则扬法而抑德。闻其社中之执笔，皆俄国第一流记者云。

以外自由渐进派之新闻机关尚多，兹不及备载云。

急进党之机关《鲁乌士加伊亚新闻》：此新闻乃急进党之机关，而以共和为主义。然此等新闻，亦非一种。或阐明哲理，或讽刺人心，或传情小说，所事不同，而其主义则一也。

以上所述，不过俄国新闻之一斑。总之，俄国待出版部之制立法太严，言论既不能自由，国民教育遂亦不能普及。此新闻事业所以不能发达也。加以国民之程度甚低，而购阅者必少。又因其定价不廉，故各新闻之发行，自八千、九千已为最多。然民权之趋势，日甚一日。俄国政府知新闻之势力之锋已不能当。于是彼得大帝，乃设《莫斯科新闻》于巴黎，以作政府之机关，保护其政策。惟俄国既知新闻如武器之不可当，又嫌国民之利用此武器，而与政府为敌也。于是乃筹抵制之方，利用此新闻之术，奇巧百出，不可思议。此其伎俩，恐亦欧洲各文明国，所不能企及者也。

第三十六章 新闻记者之势力及使命

　　文章经国之士，挥其笔锋，亦几如武士之按剑，且其力尤有过之者。试观地球，人类设施之迹，其所以能保障生存者，非赖此刀剑之力哉。以匹夫之一身，以新闻之一纸，无论何物，皆不能出其势力之上者。昔人所以畏文士之笔锋也。

　　知识者，即势力也。然此势力，惟新闻纸有之，而又能活用之。以千百之通信探访员，观察社会之总方面，善善恶恶，烛照无遗。岂非世界之听音器哉？然新闻记者之权，不仅徒报其事实，而且加以观察。机器力之所能者，犹不足以了新闻记者之事。如传亲睦和合之福音于家庭，供互相友助之制约于民族，亦新闻记者所应尽之事。至于现时国际之感情，他国民与此国民不可密接之原由，更宜探其原因。所谓四海之内皆兄弟者，不过托诸空言，而新闻记者断不信之。何则？言论有自由之权，理想与经营，其进步颇觉迟迟。今也世界仁人之感触，已现一大事实印象。至所谓世界同监，及国际平和会议者，终不过一场春梦耳。试观世界近时之举动，其所设施，能宣传和平者谁乎？能不嗜杀人者谁乎？故现在人类所经营，实不能进转一步于现在之外。考之于理则然，求之于势亦不得不然也。没弃现在狼藉之社会，完未来人类之约束，则新闻记者亦何所措施乎？

夫民众之势力，既卷地而来，新闻记者乃其先锋也。而近世社会诸势力，无不受用于新闻记者之前。无论何国何种，皆收此等之效果，以登二十世纪之新舞台。吾人试一读英国事业之发达史，如今日新闻纸之完全发达，而又能扶植社会国际之大势力者，岂昔日梦想所及耶？盖以新闻纸于国际交涉，每好立人我之区别，媚时俗之私见，以破外交之和平。是由妄用此言论之利器，社会之所以不孚人望也。独英国新闻纸稍蹈此弊者，以其对于外邦及殖民问题，其所与调停之事颇多。如英国政府擅国际和平之论，新闻纸即为其后援。如有不平等事，更能体量人情，以引社会之改良。古人常语曰：能进纯洁一步者，即神圣也。削肉求食之势力，其苦已甚。如使其和气如春，则人间之至情所钟，即自由真理之勇士所自出也。高国民之威仪，以为正道干城。由此社会育其德，国家即受其福，此英国新闻，放一种异彩于新闻世界，非偶然也。

汲汲于放任派者，动曰如现时之新闻，欲描其社会之情状，以匡正其时弊者，惟在行放任主义而已。抱如是之见解者，新闻记者中，何止二、三人？然主张出版自由者，每于揭载新闻、检点材料时，见稍涉悖缪〔谬〕之言，直行删削，不待踌躇。盖恐公私之关系，及对于某某事件，而以严密为要也。但彼等如是作为，吾人尚不能信之者。以其专使一己之富贵利达，而不敢暴露其事，有失新闻记者之正义也。若夫主义甚正之人，苟有所见，可公然直击其非，不为稍挫。而社会亦于此种议论之直线，有所紧切也。

世有好缀无用之词华，惊世骇俗，冀其万一侥幸，以投时好，而发行可由是增多者。此新闻之惯技也。不知阅者与广告者，亦有望而弃之之意。且议论过激，亦必为识者攻击。是虽可取快一时，而一己之品格，即由此堕地，亦不可不思也。况是等行为，终非长久之计，适形其狼狈而已。如求其成功之秘诀，在依道义，而确守主见也。

世人动曰：新闻记者，较策士更偏颇。其意为新闻记者对于政治之感情，过于机敏故也，然非无根之说也。夫政治界之过敏者，乃新闻记者之任意也。烦恼也。盖欲不讽而自解，不请而自酬之意也。何以故？由于与政界有关系之新闻记者，空费多年之心力也。既受政界之冷遇，则平苦之志，既不得伸，不得不出其孤愤，发为文章。而新闻社适为其引吭哀鸣之地。然感情过触，不无过当之词。于是人皆疑为假端而发。此循循规矩之新闻记者所不取也。

所谓独立不羁者，乃新闻记者，所以伸张能力之道也。新闻记者，不仅在政党之周旋，其致力之地，别在社会。且由政党而更大者，又别在战场也。至社会则属望乎新闻记者之经营为更厚。如公共之事业、教育之制度、劳动之问题、经济之关健〔键〕、文学宗教之问题，为新闻记者，皆有警醒指导之任。此近世新闻记者，于国民之形表精神，皆宜知所向也。然非为一代之天职乎？职分一定，不仅与世论战，如有压制及不正之行为，亦可反抗指责，以评其隐恶，而杀其权势。至于工业、商业、政治、更不择其事之何如，亦可以正义真理，当监视之举也。

新闻记者，对于社会团体之精神，其所指导供给，皆为国民教育之大关键也。近日欧美各国，能于国民教育占实权者，端推有力之新闻记者。于社会既可为一代之师表，于政治更是为党派之方针。即全国思想之进步，尤以新闻之引导为多。此从事于新闻业者，其矫正今日之社会，真大可有为。

至传文学之趣旨，精神之发达，以及绍介人生问题之研究，亦无不赖此为引线。不然，文明之势力，又何由发达乎？以如此之责任，如此之权利，如此之名誉，则新闻记者，为近世文明社会之所依托矣。而政治家、文学家、贵族、教徒、平民，亦不得不以其言为倾听。一言以蔽之曰：新闻记者，非国民信仰之拥护者乎？…布衣，操宰相之权，刀笔有斧钺之威。势力伟大，感化深远。实能于政府议会以外，为众庶势力之先驱，奏特莫苦拉总之凯歌者，非此新闻记者谁乎？嗟吾诸子，勿弃好光阴。以十年精励，张如炬眼，挥犀利笔，以临于社会人民之上。则叱咤舆论，指导大势，又何难哉？又何难哉？

松本君平与《新闻学》

宁 树 藩

本书作者松本君平(又称松本世民),生卒年月不详。早年留学美国,获文学博士。虽然他攻读的并非新闻学,但对美国迅速发展起来的新闻事业和正在兴起的新闻教育和新闻学研究发生了浓厚的兴趣。在美期间,松本君平对新闻学进行了研究,对当时新闻事业的现状作了大量的调查,不仅在美国,而且前往欧洲对许多报馆作了多方面的考察。回日本后,创办东京政治学校(一译政法学校),自任校长。当时正值中日甲午战争以后,日本积极谋求对外扩张,十分重视报纸的政治作用。这个学校每年都开设新闻学课程,松本君平亲自授课,本书就是他讲课的内容。这本《新闻学》成书时间约在1898年前后,正式出版于1899年。

松本君平在政治上是一颇为活跃的人物,他曾随伊藤博文访问欧洲,后任众议院议员。1910年曾来华,对中国农商、工业、交通、政刑、礼教和风俗习尚等方面进行了详细调查,回国后将调查所得材料由人译成汉文,编成《华瀛宝典》一书。松本君平除这本《新闻学》外,未见有其他新闻学著作问世。

本书共三十六章,其最大篇幅是关于报馆各机构的职能以及各新闻从业人员在报业管理、采访、写作、编辑等方面工作的叙述,同时也介绍了欧美一些主要国家新闻事业的现状，故本书又名《欧美新闻事业》。

新闻学的研究与新闻教育的进行，以德国为早，随后美国也赶了上来。十七世纪中叶，在德国大学中，以报纸为研究对象的学位论文一时成为时髦。十八世纪德国就出现了为培养新闻记者而编写的有关新闻学的最初讲义。1884年，巴塞尔大学和莱比锡大学正式开设新闻学课程。美国的新闻学研究起于十九世纪初。1810年出版的《美国印刷史》（汤姆生著）一书，其中就有一部分关于报纸的论述。1873年出版的《美国新闻史》（哈德生著）可说是美国最早的新闻专著。1893年费城宾夕法尼亚大学开设新闻学讲座，乃是美国新闻教育的正式开始。就全世界论，无论是新闻学研究还是新闻教育都是在十九世纪末和二十世纪初才开始发达起来。正是这个时候，在新闻学研究中，形成了以美国为代表的注重实用和以德国为代表的注重理论的两大学术流派。

显然，松本君平的《新闻学》一书是在美国流派的影响下写成的。本书绝大部分讲的是报纸工作的实际经验与实际状况，而且它认为新闻学就是由新闻采访与写作、新闻编辑、发行三部分内容组成。可见，作者关于新闻学的观念带有浓厚的实用性。值得注意的是，本书固然是美国研究潮流的产物，但它并不是这个潮流的简单尾随者。据目前所知，象这样系统阐述新闻工作的经验、系统介绍新闻工作状况的著作，在当时的美国还未出现。本书更有专章（"序论"和"第一章"）集中论述新闻事业的特性、功能、作用以及与近世文明之关系等问题，这表明本书除着重讲究实用性外，也显示出某种程度的关注理论问题的倾向。这在美国也属少见。因此，松本君平的《新闻学》是一部有自己特色的著作，在世界新闻学发展史上占有一定的地位。

本书的出版，适应了日本新闻事业发展的需要。日本近代新闻事业的产生比较迟，在十九世纪中叶，它主要还是采用翻译外报的办法了解外情。1853年在香港创办的《遐迩贯珍》、1857年在上海创办的《六合丛谈》、1858年在宁波创办的《中外新报》等报刊，都曾被译成日文在日本流传。日本近代报刊的真正起步是在明治维新以后，到十九世纪末发展忽趋迅猛。正如本书所说："挽近以来，日本之新闻事业，已有跃跃欲飞之势"。为了配合对外扩张，日本还在东南亚一些落后国家出版报刊，就中国论，自1894年至1900年，日本在华就出版了《佛门日报》、《闽报》、《汉报》、《亚东时报》、《同文沪报》等汉文报刊，其发展速度超过当时在华其他外报，有后来居上的趋势。面临这种新闻事业大发展的形势，提高新闻从业人员的业务水平成为一个重要课题。其培养方法，松本君平认为主要依靠长期的新闻工作实践，但同时又主张对青年新闻记者进行新闻学教育。他认为：未来之新闻记者"其研究新闻学之必要，则无异工艺家之于工艺学校，辩护士（即律师）之于法学校也。"这本书就是为新闻业中日益增多的青年新闻记者而写，它出现于十九世纪末，并非偶然。

这本《新闻学》，也是日本历史上第一本新闻学著作，开日本新闻学研究之先声。就欧美一些主要国家看，从近代新闻事业的开始到第一本较为系统的新闻学著作问世，大致要经历一百多年至二百年的时间，而松本君平的这一著作问世距日本近代新闻事业的出现还不到半个世纪。以我们现在新闻学的观念（新闻学由理论新闻学、实用新闻学和历史新闻学三部分组成）来看，松本君平的这本《新闻学》也是初具规模的。这是因为，它固然是以实用新闻学为主体，但也包括了理论新闻学的相当内容,其中对欧美新闻事业的介绍,实为历史新闻学的组成部分。不过,从全书看,它又明显地表现出新闻学发展的早期性。就以写得较为充分的实用新闻学部分来说,它对后来引人注意的新闻价值、新闻的"五个W"和广告等重要问题均未论及,而关于理论新闻学所论及的又多为报纸的威力和作用问题。因此,这本《新闻学》不仅表现了美国式的研究潮流,也反映出新闻学研究的历史水平。

《新闻学》在日本出版后,很快受到中国新闻界的重视。无论是资产阶级改良派还是资产阶级革命派,都一再引用书中的一些观点来阐述自己的办报思想。上海商务印书馆于1903年出版了此书的汉译本(即这次重印的《新闻学》),距日文本出版的时间不过四年。

十九世纪末二十世纪初,中国新闻事业开始进入一个蓬勃发展时期,新闻学研究也就逐渐成为一种实际需要。当时人们对《新闻学》感到兴趣的,并不是该书所提供的大量的新闻业务工作经验,而是陈述不多的理论原则。该书所着力宣扬的报纸的作用,即创造近代文明,主宰国家社会;报纸具有无限威力,一切宗教魔锋、君主专制、帝王权术都不足与之较量等,显然是被大大夸大了。但是,正是这并不切合实际的观点,对当时清廷所奉行的新闻专制主义却是有力的批判。它对中国的新闻界、思想界都有着某种启发作用。在这以前,把报纸看成是皇帝"通民隐"、"达下情"工具的思想还统治着大批先进知识分子的头脑,这种思想,在维新时期固然有其积极意义,但随着时势的推移,它很快落后了。本书对于报纸性质,作用的解释,令人耳目一新,对促进人们将报纸观念从皇权主义束缚下解脱出来起有一定的积极作用。

同时书中所涉及的一些业务工作经验,如对新闻报道与新闻评论写作、新闻标题制作等等问题的论述，概括了西方长期新闻实践的经验，这对正在探索中的中国新闻界，有着不小的借鉴作用。虽然由于当时中国的历史具体情况，这些经验没有引起必要的注意，但它所起的潜在作用，仍然是客观存在的。

松本君平的《新闻学》汉译本，是我国所出版的第一本新闻学著作，这在我国新闻学术史上是一重要事件。最早介绍西方报纸知识给中国人的是外国传教士。大约从十九世纪七十年代起，我国改良主义思想家们对利用报刊推动社会改革表现出浓厚的兴趣，发表了一批倡导办报的文章。不过传教士和改良主义思想家们的文章大多只局限于外国报纸出版简况的介绍和报纸社会作用的鼓吹，内容相当狭窄，松本君平的《新闻学》则给人们提供了比较系统的新闻学知识，它把人们引入一个比原来宽广得多的新闻学领地。可以说，这个汉译本《新闻学》的问世，标志着西方新闻学在我国的传播进入一个新的阶段。

汉译本《新闻学》出版距今已有八十多年了，书中所表述的一些理论原则和具体业务经验，不光对我们，即使对西方新闻界，也很少有实用价值。今天重印这本书，主要因为它在中外新闻学术史上所占的重要地位。这是一份珍贵的文化遗产。

本书的译文欠佳，甚至有些文句连通顺也没做到。我们除对错漏字进行必要的处理外，其他都只能保持原样。由于年代久远，书中有几个字已辨别不清，另外还有大量的人名、地名、报名和今天的译法不一致，因没有附原文，无法查对，我们没有加以注释，这些都会增加阅读本书的困难，希读者予以体谅。

图书在版编目（CIP）数据

新闻学 /（日）松本君平著. —北京：中国传媒大学出版社，2018.3

（中国近代新闻学名著系列丛书 / 芮必峰主编）

ISBN 978-7-5657-2274-5

Ⅰ.①新… Ⅱ.①松… Ⅲ.①新闻学 Ⅳ.①G210

中国版本图书馆CIP数据核字（2018）第042885号

中国近代新闻学名著系列丛书

芮必峰　主编

新闻学
XINWENXUE

著　　者	〔日〕松本君平
策划编辑	司马兰　姜颖昳
责任编辑	姜颖昳
特约编辑	魏　征
封面设计	拓美设计
责任印制	阳金洲

出版发行	中国传媒大学出版社	
社　　址	北京市朝阳区定福庄东街1号	邮编：100024
电　　话	86-10-65450532 或 65450528	传真：010-65779405
网　　址	http://www.cucp.com.cn	
经　　销	全国新华书店	
印　　刷	北京华联印刷有限公司	
开　　本	787mm×1092mm　　1/16	
印　　张	11	
字　　数	140千字	
版　　次	2018年6月第1版　2018年6月第1次印刷	
书　　号	ISBN 978-7-5657-2274-5/G·2274　　定　价　58.00元	

版权所有　　翻印必究　　印装错误　　负责调换